Rahasya Fritjof Kraft • Lawinen und Erwachen

Meinem geliebten Meister Osho gewidmet,
dessen Präsenz im 20. Jahrhundert nicht nur mein Leben
transformiert hat, sondern auch zum Bewusstseinswachstum
der gesamten Menschheit beigetragen hat

Rahasya Fritjof Kraft

LAWINEN UND ERWACHEN

AUTOBIOGRAFIE

Mit einem Bericht von Nura Kraft

Aus dem Englischen von Eveline Anasya Hufnagl

Die Originalausgabe erschien
als »Part One: Autobiography« in dem Buch
»Avalanches & Awakening. Free your Pain into Love«
bei Inner and Outer Adventures Publishing, Mullumbimby, Australia
© 2003 by Fritjof Kraft

Das Werk einschließlich aller Abbildungen ist urheberrechtlich geschützt. Jede Verwertung außerhalb der Grenzen des Urheberrechtsgesetzes ist ohne Zustimmung des Verlages unzulässig und strafbar. Das gilt insbesondere für Vervielfältigungen, Übersetzungen, Mikroverfilmungen und die Einspeicherung und Bearbeitung in elektronischen Systemen.

Gedruckt auf säurefreiem, alterungsbeständigem Papier (chlorfrei gebleicht)

Deutsche Erstausgabe
© 2013 ShenDo Verlag, Wolfgang Loh, Stellshagen
www.shendo-verlag.de

Redaktion: Sakina K. Sievers
Lektorat: Michael Thomae
Layout, Satz: Carola Klinke
Cover: Vis Orth
Coverbild: Nirgun W. Loh
Bildquellen: Rahasya Fritjof Kraft, außer S. 96 oben (Osho International Foundation), S. 100 oben (World Oneness Foundation)
Druck und Bindung: Westermann Druck Zwickau

Printed in Germany

ISBN 978-3-9811184-9-0

Inhalt

Vorwort von Miten	7

***

Äußere Lawinen	9
Inneres Erwachen	12
Die frühen Jahre	15
Das Leben auf der Pan	17
Die Schule – Meine Rettung	20
Das Leben auf der Fram	22
Im Osten zu Hause	24
Meine Zeit als Arzt	26
Erfahrungen mit Drogen	28
Pune	30
Die Anfänge der Meditation	31
Das erste Satori	35
Sexuelle Träume werden wahr	36
Zurück in Europa	37
Abschied von meinem Vater	38
Die Osho-Kommune	38
Das Counseling-Training	41
Nura – Die Liebe meines Lebens	43
Die ersten Schritte als Therapeut	44
Kommunewechsel	44
Wieder auf uns alleine gestellt	46
Osho in Griechenland	47
Zurück in Pune	48
Osho verlässt den Körper	51
Die Mysterienschule	52
Der Tod meiner Mutter	54
Die Leitung der Mysterienschule	55
Mount Kailash – Ein Training in Vertrauen	57
Der Trekk zum Rara-See	58
Trekking am Karnali-Fluss	60
Willkommen in Tibet	63

Inhalt

Der Ritt durch die Hölle zum Mount Kailash	65
Im Wüstenfluss	68
Rundgang um den Mount Kailash	71
Neuanfang in Australien	74
Die letzten Ereignisse vor dem Erwachen	76
Dialog mit Ramesh Balsekar	78
Treffen mit einem Roshi	81
Therapie als Kunst des Seins	82
Oneness Blessings – Deeksha	84
An der Oneness University – Ein Bericht von Nura	85
Wendezeit	88

* * *

Bildteil	91
Auszüge aus Nuras Aufzeichnungen während des Oneness-Prozesses 2005	103
Glossar	106

Vorwort

Ich muss gestehen, dass es nicht einfach war, ein Vorwort zu einem Buch zu schreiben, dessen Autor so viel Energie und Lebenslust versprüht, dass ich mich neben ihm wie ein langweiliger Stubenhocker fühle. Das ist natürlich nicht Rahasyas Absicht.

Aber sein Leben ist so voll und gesegnet. Als Fünfjähriger hat er Berge in der Schweiz erklommen, als Teenager ist er auf dem Landweg nach Indien gefahren, als er 18 war, segelte er im Boot seines Vaters um die griechischen Inseln und er hat Hunderte von Gruppenteilnehmern sicher durch die schwindelnden Höhen des Himalaya geführt.

Er wurde Arzt und verließ seine »Lebensstellung«, weil er wusste, dass er seinem Herzen folgen muss, das ihm sagte: »Reise ... suche.« Er blickte dem Tod so viele Male ins Gesicht, dass sie beste Freunde geworden sind. Er ist ohne Furcht und teilt ununterbrochen seine Weisheit mit anderen.

Sein Geschenk ist schlicht und einfach, sein Geschenk zu teilen. Dadurch wird ein Energiekreis geschaffen und ich glaube, dass es das Blut seines Lebens ist, seine Leidenschaft, das Teilen seines Herzens. Mit seiner Liebe und seiner Freude am Dasein entfacht er das Feuer in uns.

Nun habe ich die Wahl: Bin ich ein Stubenhocker oder ein inspirierter Leser? Ich entscheide mich für das Letztere.

Dieses Buch ist voll großartiger Geschichten und Weisheiten aus Rahasyas persönlicher Suche nach sich selbst. Er ist ein Lehrer, der mit Tausenden von Menschen auf der ganzen Welt gearbeitet hat, dir aber wahrscheinlich sagen würde, dass er nichts weiß.

Wenn dir das paradox erscheint, dann lies weiter. Hier ist ein Lehrer, der seine Lehren lebt. Hier ist ein Mann, der meint, was er sagt. Hier ist ein Mensch, dessen Herz vom süßen Klang des Lachens überfließt. Hier ist ein bescheidener Mann, der den Respekt eines Fürsten verdient.

Wenn ich in seiner Nähe bin, fühle ich mich leicht und richtig. Ich fühle mich gesehen, gehört und geschätzt – dafür, dass ich der Mensch bin, der ich bin. Und das ist das größte Geschenk, das ein Freund einem Freund machen kann. Akzeptanz und Liebe, grundlos – auch für Stubenhocker. Er liebt dich!

Lies dieses Buch. Teile es mit deinen Freunden. Es ist ein Licht in diesen schwierigen Zeiten. Es bringt Gleichgewicht ins Dunkel, das uns umgibt. Es ist die

Vorwort

Erinnerung, dass wir anders sein können. Ziehe Mut aus Rahasyas Memoiren, lass seinen Weg einen Weg in dein Innerstes finden. Lass dich von seiner Geschichte und seinen Lehren inspirieren, wie ich es getan habe. Ich verspreche dir, du hast eine wunderbare Reise vor dir – und vergiss nicht, deinen Fallschirm einzupacken.

Miten

Äussere Lawinen

Vor dem Zweiten Weltkrieg baute mein Vater oberhalb von Davos in den Schweizer Bergen ein Holzhaus, ein sogenanntes Chalet. Es liegt auf zweitausend Metern Höhe in einem wunderbaren Skigebiet in den Alpen. Die Aussicht ist atemberaubend, der Preis dafür ist jedoch, dass man dorthin anderthalb Stunden durch die Schneeberge stapfen muss, weil es keine Zufahrt gibt. Das Licht wird mit einer Solaranlage betrieben und es gibt einen Holzofen zum Kochen und Heizen. Das Wasser beziehen wir aus einer kleinen Bergquelle. Es ist das beste Wasser, das ich je getrunken habe. Das Chalet befindet sich seit seiner Errichtung im Besitz meiner Familie.

Als ich fünf Jahre alt war, gingen meine Eltern mit mir und vier meiner sieben Geschwister auf eine Skitour. Wir starteten von unserem Chalet aus und wollten auf das Grünhorn, einen schönen Berg oberhalb von Gotschna.

Mein Vater war ein autoritärer Gesundheitsfanatiker und verbot uns, den Skilift zu benutzen – es sei denn, es ging um Leben und Tod. Das bedeutete für uns einen vierstündigen Aufstieg – ziemlich viel für einen Fünfjährigen. Nach etwa zwei Stunden, als wir einen steilen Hang in der Nähe des Grünhorn-Fußes überquerten, schoss eine kleine Lawine mitten durch unsere kleine Gruppe hindurch. Die Erwachsenen blieben auf den Beinen und glitten auf dem rutschenden Schnee nach unten, aber der kleine Fritjof wurde umgerissen und verschwand unter den weißen Massen. Ich erinnere mich daran, wie mein Körper bis zum Hals in tiefem Schnee versank. Ich konnte mich nicht mehr bewegen, und weinte verzweifelt, denn ich glaubte, einen großen Fehler begangen zu haben. Meine Familie musste lange graben, um mich aus den Schneemassen zu befreien. Meine Mutter stand unter Schock, doch mein Vater lachte. Ich fühlte mich elend und weiß nicht mehr, wie ich zurück zum Chalet gekommen bin. Dieses Erlebnis war das erste in einer Reihe von Lawinenerlebnissen, die ich auf wundersame Weise überlebte.

In meiner Studentenzeit machte ich einmal im Frühjahr gemeinsam mit sechs Freunden eine Skitour auf der »Haute Route«. Das bedeutete, zweihundert Kilometer von Chamonix nach Saas Fee zurückzulegen – meistens auf einer Höhe von mehr als dreitausend Metern. Auf dem Weg gab es einige Hütten, die den Skiwanderern Unterkunft und Kochmöglichkeiten boten. Wir gerieten in einen Schneesturm und mussten unter einem Felsen inmitten eines Gletschers biwakieren. Links und rechts von uns gingen Lawinen herunter, aber glücklicherweise traf uns keine davon.

Während wir umtost vom Sturm in unseren Biwaksäcken saßen, kniffen wir uns gegenseitig, um nicht einzuschlafen und zu erfrieren. Im Futter des Biwaksacks bildete sich bald eine dicke Eisschicht und unsere Füße wurden langsam taub. Diese

Nacht wurde eine der längsten meines Lebens. Ich strengte mich an, präsent und wach zu bleiben und beobachtete meinen Verstand, wie er sich zwischen Angst und Präsenz hin und her bewegte. Ich erkannte, dass in der Präsenz trotz unserer lebensgefährlichen Situation eine unerklärliche Freude lag.

Am nächsten Tag versuchten wir verzweifelt, durch dichten Nebel und Schneesturm einen Ausgang aus dem Gletscher zu finden. Als sich der Himmel für einen Moment lichtete, starrten wir in eine tiefe Schlucht – die Abfahrt endete an einer steilen Felswand. Die Aussicht, drei bis vier Stunden in fünfzig Zentimetern Neuschnee mit Fellen aufzusteigen, war ziemlich entmutigend. Meine Gefährten waren verzweifelt und erschöpft, aber wir sahen keine andere Möglichkeit. Ich spürte, dass eine unbekannte Energie die Regie übernahm und mir eine enorme Stärke verlieh.

Stundenlang pfadete ich einen neuen Weg in den Schnee. Und als sich der Nebel in der Dämmerung endlich ein zweites Mal lichtete, hatten wir den Weg aus dem Gletscher gefunden. Nach einer langen Abfahrt erblickten wir ein Haus. Es war zwar nicht die Schutzhütte, die wir suchten, aber es sah zumindest so aus, als ob wir ein Dach über den Kopf bekämen. Wir brachen die Tür auf und fanden die Hütte bis auf ein paar hölzerne Bücherregale leer vor. Wir machten daraus Feuerholz, um unsere frierenden Körper zu wärmen. In diesem Moment fing ich an, unkontrolliert zu weinen – vermutlich vor Erschöpfung und Erleichterung. Ich weiß nicht weshalb, aber es war herrlich befreiend. Obwohl es mir peinlich war, spürte ich gleichzeitig Freude. Etwas Größeres als mein Verstand hatte die Regie übernommen und ich konnte es weder verhindern noch kontrollieren. Meine Freunde waren überrascht, peinlich berührt, aber liebevoll. Wir empfanden alle eine tiefe Verbundenheit und waren dankbar dafür, am Leben und in Sicherheit zu sein. Die ganze darauffolgende Woche genossen wir herrlich sonnige Skitage. Wir wanderten und liefen Ski nach Herzenslust. Wir waren in Hochstimmung und genossen die vertiefte Freundschaft.

Das gefährlichste Lawinenerlebnis hatte ich 1989, als meine geliebte Nura und ich zusammen mit ein paar guten Freunden in der Schweiz Skiurlaub machten. Wir waren sehr gute Skiläufer und beschlossen, einen schönen Tag abseits der Pisten in der Gotschna-Parsenn-Region zu verbringen.

Morgens erklommen wir das Grünhorn, den hornförmigen Berg meines Kindheits-»Dramas«, von wo aus wir die ganze Gegend um Davos und Klosters überblickten. Ich registrierte einen auffallend raschen Wetterwechsel von knackig kalt zu bemerkenswert warm und sonnig. Nach einer wundervollen Abfahrt im Neuschnee zogen wir unsere Bahnen auf dem unberührten Weiß. Wir beschlossen, die Weissfluh-Diretissima zu nehmen, einen Steilhang unter dem Gipfel der Weissfluh.

Als wir in den Hang kamen, spürte ich, dass meine Skispitzen tief in alte Schneeschichten einsanken. Ich hätte es besser wissen und umkehren müssen. In der Aufregung, der Gier nach mehr, im Leichtsinn oder was auch immer der unentschuldbare Grund dafür war, sind wir weitergefahren und überqueren die Wand unter den Felsen. Ilda und ich fuhren an der Spitze, als wir plötzlich ein scharfes, peitschendes Geräusch hörten. Wir fanden uns auf einer Lawine rutschend wieder, taumelten und schwammen etwa hundert Meter den Steilhang hinunter, bis wir endlich anhalten konnten. Wir waren beide an der Oberfläche geblieben, standen aber unter Schock. Die beiden anderen, Antero und Werner, hatten eine andere Route genommen und waren verschont geblieben.

Es war zu steil, um wieder hochzuklettern, und unter uns lagen mindestens neunhundert Meter Steilwand. Wir beschlossen, sehr vorsichtig zu sein, breite Abstände zwischen den Skifahrern zu lassen und nur an sicheren Stellen anzuhalten. Ich ging voran, um die Situation zu prüfen. Alles ging gut bis zu den letzten dreihundert Metern. Dort mussten wir den Hang zu einer anderen Steilpiste überqueren. Ich fand einen Platz, an dem bereits zwei Lawinen niedergegangen waren. Es erschien mir sicher. Ich überquerte und wartete auf der großen, nun ruhigen Lawine auf die anderen. Antero und Ilda folgten und hielten etwa zwanzig Meter über mir. Dann begann Werner die Überquerung und in diesem Moment ging mir ein weiteres, noch viel lauteres peitschendes Geräusch durch Mark und Bein.

Ich sah, wie der ganze Berg über uns losbrach und zu fließen begann. Plötzlich fiel ich hin und begann nach unten zu schlittern. Aus dem Augenwinkel sah ich, dass auch Werner von dieser großen Lawine erfasst wurde. Auf einmal wurde alles dunkel. Schneemassen bedeckten mich, während mich ein schneller Schneefluss nach unten transportierte. Ich erinnere mich, dass ich sehr klar war und mich dazu anhielt, die Skier eng zusammenzuhalten, damit meine Beine sich nicht verdrehten, und präsent zu bleiben. Wenn ich sterben musste, dann wollte ich bewusst sterben.

Das Gleiten im Dunkeln fühlte sich an wie eine Ewigkeit, aber auf einmal wurde es wieder hell. Der Schneefluss hatte mich wieder an die Oberfläche geschoben. Ich schaute mich um und sah, wie Werner etwa fünfzig Meter unter mir im Schnee verschwand. Ich konnte aufstehen und fuhr dahin, wo ich ihn zuletzt gesehen hatte. Zufällig sah ich seine Stiefelspitze aus dem Schnee lugen. Die Lawine war zum Stillstand gekommen. Als ich bei Werners Stiefel angekommen war, hörte ich ihn unter dem Schnee schreien. Ich begann zu graben und versuchte, entlang seines Stiefels und Beins zu seinem Kopf zu kommen. Sein Schreien wurde leiser und hörte ganz auf. Ich realisierte, dass es zu lange dauerte, entlang des Körpers zum Kopf zu graben, denn bis dahin wäre er bereits erstickt. Ich schaute mich um, ob ich die beiden anderen Freunde entdecken konnte. Sie standen hoch über uns auf einer breiten Brücke, die von den Lawinen zu beiden Seiten unberührt geblieben war. Direkt unter ihnen waren die beiden Schneeströme zu einer einzigen riesigen Lawine zusammengeflossen. Doch sie waren wohlauf. Ich schrie ihnen zu, dass sie mir helfen sollten, aber sie bewegten sich nicht. Sie waren starr vor Schreck. Panik stieg in mir auf.

Werner hatte vor Kurzem geheiratet und seine Frau wartete zu Hause mit ihrer drei Wochen alten Tochter auf ihn. Ich stellte mir die Tragödie vor, falls Werner unter mir starb. Ich grub direkt nach seinem Kopf und fand ihn. Was für eine Erleichterung, als ich sein Gesicht freigelegt hatte! Werner öffnete seine Augen und schaute mich an. Er war noch bei Bewusstsein und atmete. Meine Erleichterung und Dankbarkeit waren unbeschreiblich!

Antero und Ilda hatten endlich mit zitternden Knien und bleichen Gesichtern ihren Weg zu uns nach unten gefunden. Wir brauchten mehr als eine Stunde, um Werner ganz auszugraben. Er konnte sich nicht mehr bewegen. Sein Körper schien wie in einer Zementmasse eingegossen. Als wir Werner wieder auf seine Füße gestellt hatten, bemerkten wir, dass alle Skilifte ihren Betrieb eingestellt hatten. Es war spät und wir mussten zwei Stunden zum Furka-Lift hochklettern. Von da waren es noch etwa vier Kilometer bis zum Chalet hinunter. Werner machte seine Sache großartig und folgte uns still, bis wir im Dunkeln beim Chalet angekommen waren. Meine Mutter, ihre Freundin Gila und Nura hatten voller Angst und Sorge auf uns gewartet. Eine Rettung zu organisieren, ohne Telefon und Straße, wäre kompliziert, wenn nicht unmöglich gewesen.

Als wir ankamen, konnte Werner sich nicht mehr länger zurückhalten. Der Schock und die Panik in seinem Körper brachen sich Bahn und stürzten ihn in den wildesten Gefühlsausbruch, den ich je erlebt hatte. Er wurde von uns allen beschützt und unterstützt, sodass er nach etwa einer Stunde als neuer Mann daraus hervorging, voller Liebe und Lebenslust.

Nura erzählte uns später, dass sie während der Zubereitung des Abendessens die klare Vision hatte, dass Werner von einer Lawine verschüttet sei und nach seinem Kind rufe. Sie verwarf das jedoch als Produkt ihrer Fantasie.

Inneres Erwachen

Es ist frühmorgens am 24. April 1999, einem kühlen Frühlingstag in Marysville in der Nähe von Melbourne in Australien. Nura und ich nehmen an einem Sieben-Tage-Retreat teil, das in ein paar Stunden beginnen wird. Die Lehrerin ist Gangaji, eine strahlende, erwachte Frau aus den Vereinigten Staaten.

Heute Morgen stehe ich früh auf. Es ist noch dunkel. Ich gehe auf Zehenspitzen aus dem Raum, um meine Geliebte nicht zu stören. Ein tiefer Atemzug in der frischen Morgenluft inspiriert mich zu einem Spaziergang. Nachdem ich einige Stunden unterwegs gewesen bin, erreiche ich einen Hügel, von dem ich Marysville und die umliegenden Berge überblicke.

Eine Bank auf einer kleinen Lichtung lädt mich zum Sitzen ein. Die Natur beginnt aufzuwachen. Der Morgen ist friedlich. Ich bin mir einer lebendigen Präsenz innerhalb und außerhalb von mir bewusst und fühle mich unendlich dankbar. Ein Gedanke durchfährt mich: »Was suche ich noch immer, was will ich in diesem Retreat?« Keine Antwort kommt. Der Verstand bleibt still.

Der Himmel verfärbt sich zu einem leuchtenden Orange, als die Sonne aufgeht. Aus dem Nichts heraus bin ich auf einmal der Himmel, das orangene Licht. Ich sehe, wie die geschäftigen Ameisen durch das Gras sausen ... ich bin die Ameisen ... sehe saftiges Gras unter kleinen Büschen wachsen ... ich bin das Gras und die Büsche. Ich betrachte die Bank, auf der ich sitze. Sie steht auf einem Zementfundament ... ich bin die Bank und das Fundament. Hohe Eukalyptusbäume wiegen sich sanft in der Morgenbrise ... ich bin die Brise, die Bäume. Alles was ich sehe, fühle, höre, rieche, schmecke, berühre – all das bin ich! Ich bin das Bewusstsein in allem. Ich bin das Bewusstsein selbst. Alles ist Bewusstsein! Es gibt keine Trennung mehr zwischen mir und dem Bewusstsein. Plötzlich ist es so offensichtlich, dass ich zu lachen beginne. Alles, was ich jemals im Leben gesucht habe, ist – DAS!

All mein Streben, etwas zu werden, kam in diesem Moment zum Stillstand. Ich bin nicht länger der Handelnde. Ich bin alles: Bewusstsein, der Körper-Geist, genannt Rahasya, und die Handlungen, die durch ihn geschehen.

Mit dieser Erkenntnis steigt aus meinem innersten Kern eine Entscheidung auf: »Ich werde mich an DAS erinnern, egal, welche Spiele mein Verstand auch spielen wird. Ich werde im Einklang mit DAS leben.«

Der Verstand ist überglücklich. Er hat verstanden, dass er nicht der Meister ist, sondern ein wunderbarer Mechanismus, der im Innern desjenigen stattfindet, der ich bin. Endlich kann er sich verneigen und sich dem WESEN überlassen. Mein ganzes System vibriert. Es ist so natürlich, so einfach – so nah. Wie konnte ich es nur je verpassen! Einsichten strömen wie Lawinen auf mich ein und begraben und vernichten sämtliche Identifikationen mit einem getrennten Selbst, sie hinterlassen einen Zustand der einfachen Präsenz und des mühelosen Bewusstseins. Alles, was ich Osho so viele Jahre lang habe sagen hören, ergibt auf einmal absoluten Sinn.

Ein paar Stunden später beginnt das Retreat. Gangaji gibt ihren ersten Satsang. Ich stehe in Flammen und möchte einen direkten Spiegel. Ich setze mich vor sie hin und sage:

Ich brauche deinen Spiegel ... ich weiß nicht, ob ich ihn brauche.

Hier ist mein Spiegel. (Sie reicht mir einen kleinen Handspiegel.) *Ich wusste, eines Tages würde jemand zu mir sagen: Ich brauche deinen Spiegel. Er gehört dir.* (Lachen)

Heute Morgen saß ich während des Sonnenaufgangs auf einer Bank. Ich habe zwanzig Jahre mit Osho verbracht, zwanzig Jahre lang der Wahrheit zugehört und sie oftmals erlebt. Heute Morgen habe ich sie wieder erfahren. Und ich höre sie von dir, von deiner ... von ...

Von dir selbst.

Ja, von mir selbst! Ich habe als Therapeut gearbeitet. Vor zehn Jahren erzählte ich Osho, wie glückselig ich in Kursen bin. Darauf erzählte er mir die Geschichte von einem erleuchteten Hund, der anderen Hunden beibrachte, nicht den Vollmond anzubellen (Gelächter), und wie er selbst dabei am meisten bellte! Als du deine Geschichte mit Papaji zum Besten gabst – wie du dein Leben in seine Dienste legtest – da spürte ich, dass ich das auch getan habe. Ich habe mein Leben im Dienste Oshos gelebt, im Dienste der Wahrheit. Nun taucht die Frage auf: ›Rahasya, willst du auch ein Meister sein?‹ Und es ist wahr. Es gibt ein Verlangen, das zu tun.

Aber du siehst das! Die Gefahr besteht nur, wenn du das nicht siehst.

Es gibt das Verlangen, das zu tun, was du tust.

Das empfehle ich jedem! (Gelächter)

Und in gewisser Weise tue ich es bereits.

Nun sprichst du die Wahrheit. Wie es hier geschieht, geschah es bereits früher. Nenn es Therapie, nenn es Satsang, nenn es Meeting, nenn es Belehrung – wie auch immer du es nennst. Die Wahrheit sprechen heißt, es zu tun. Dem habe ich mein Leben verschrieben. Dann werden die Fähigkeiten dieses Lebens im Dienste DESSEN verwendet. Und die Tendenzen eines Lebens werden im Dienste DESSEN gesehen – auf natürliche Weise.

Ich habe gehofft, dass du mich schlagen wirst. (Gelächter)

So viel zur Hoffnung. Du wurdest bereits genug geschlagen. Du hast dich selbst genug geschlagen. Ja, wirklich genug. Ich sage dir, du kannst mit dem Schlagen aufhören. Weißt du, Papaji hatte da eine Geschichte – eine Parallele zur Geschichte mit den Hunden, die gelernt haben, den Vollmond nicht anzubellen – eine, in der ein Löwe zur Einsicht kommt ...

Inmitten einiger Esel lebte ein Löwe. Dieser Löwe war bei den Eseln aufgewachsen und dachte deshalb, auch er sei ein Esel. Und so hatte dieser Löwe gelernt ›Iah‹ zu machen wie die Esel. Ein anderer Löwe, der dies beobachtet hatte, rannte schnell herbei. Als die Esel ihn sahen, liefen sie alle durcheinander, auch der Löwe, der dachte, er sei ein Esel. Der fremde Löwe jedoch war an diesem Tag nicht interessiert daran, Esel zu fressen. Er war daran interessiert, den Löwen zu kriegen, der dachte, er sei ein Esel. Er packte ihn, und der Löwe, der glaubte, ein Esel zu sein, sagte zum Löwen, der wusste, dass er ein Löwe war: ›Bitte, Herr Löwe, friss mich nicht!‹ Da sagte der Löwe: ›Dich fressen? Ich bin doch einer von dir! Du bist ein Löwe.‹ Da antwortete dieser: ›Oh nein, ich bin ein Esel, ia-ah ia-ah.‹ (Gelächter) *Da packte er ihn am Genick, brachte ihn zu einem Tümpel und sagte: ›Schau hier! Was siehst du? Siehst du aus wie ich oder wie sie?‹ Der junge Löwe sagte: ›Mein Gott, ich bin ja ein Löwe!‹ Und er sagte: ›Jetzt ist Schluss damit!‹ Und ohne Anstrengung kam ein Gebrüll aus ihm heraus.*

(Rahasya brüllt.)

So einfach, so einfach. Und er war nie mehr versucht, zu wiehern – weder bei Vollmond noch bei Neumond!

So einfach.

So einfach. So einfach, so natürlich, schon so präsent. Alles was bleibt, ist die Wahrheit zu sprechen. Und es ist Zeit dafür – die schlichte Wahrheit.

Weißt du noch, wie ich zu dir in Byron Bay meinte, dass ich noch nicht frei sei. Heute Morgen hatte ich das Gefühl, dass auch das zu Ende ist.

Ja, das stimmt. Deine Fragen enden, weil die Freiheit das Gebrüll ist. Sogar in ihrer Stille. Ich bin sehr froh, wieder mit dir zu sprechen.

Froh ist ein sehr kleines Wort.

Richtig, froh ist ein sehr kleines Wort. Deshalb sagen wir Namaste. Das ist ein größeres Wort. Ja, das ist wunderbar. Weißt du, ich war einmal bei einem wunderbaren Zen-Lehrer. Unser Treffen war großartig. Wir hatten in vielerlei Hinsicht sehr unterschiedliche Herangehensweisen. Ich rate euch, so viel zu ruhen, wie ihr braucht, und er sagt seinen Leuten, tagelang in Zazen zu sitzen. Unsere Herangehensweisen waren unterschiedlich, aber die Freude war dieselbe, wie auch das gegenseitige Erkennen der Erfahrung, zu Hause zu sein. Später sandte er mir eine Fahne, eine Zen-Fahne mit seiner Kalligrafie. Und das ist mein Überreichen des Spiegels an dich.

Ein paar Tage darauf begann ich, an enge Freunde und Therapeutenkollegen zu schreiben. Ich fühlte mich danach, es von den Dächern zu rufen: »Es ist so offensichtlich!« Ich dachte, sie würden mich sofort verstehen. Im Nachhinein sehe ich, dass mein Verstand etwas reißerisch war. Es meinen Freunden gegenüber auszudrücken, war meine Art, die Brücken hinter mir abzubrechen. Ich wollte ein für allemal mit dem Verleugnen aufhören.

Ich erhielt sehr schöne Antworten von einem Dutzend Freunde, die einfach mit mir gefeiert haben, und auch ein paar sehr negative Briefe, die versuchten, mich wieder zu »entleuchten«. Aber nun war es zu spät. Ich war entschlossen, dazu zu stehen, ES zu nähren und ES zu leben!

Für einen nicht erwachten Verstand ist Erleuchtung mit Ehrgeiz verbunden – ein Werden, das Suchen eines Ziels. Alle Ziele waren bei mir jedoch abgefallen, einschließlich des Ziels der Erleuchtung.

Die frühen Jahre

Im Jahre 1949 bin ich als das achte und letzte Kind eines übermächtigen Vaters und einer viel jüngeren Mutter in dieser Welt angekommen. Als ich geboren wurde, war mein Vater ein rüstiger 63-Jähriger und meine Mutter war gerade mal 33 Jahre alt. Für meinen Vater war es die dritte Ehe und für meine Mutter die erste. Aus der ersten Ehe meines Vaters habe ich eine Halbschwester. Aus seiner zweiten Ehe habe ich vier Halbschwestern und einen Halbbruder. Aus seiner letzten Ehe mit meiner Mutter habe ich einen älteren Bruder.

Mein Vater hieß Will Kraft. Ein sehr passender Name, denn er besaß einen eisernen Willen. Er war ziemlich tyrannisch und dominant, hatte sein Herz jedoch auf dem rechten Fleck. Er war charismatisch und die meisten Leute bewunderten ihn. Im Ersten Weltkrieg hatte er als Pilot gedient. Ein Hörschaden war die Folge: Er war auf dem rechten Ohr taub und hörte auch auf dem linken nur noch wenig. Wir konnten nur mit ihm reden, wenn wir mit voller Lautstärke in sein linkes Ohr brüllten. Aber auch dann verstand er nur die Hälfte oder nur das, was er hören wollte.

Erst kürzlich fand ich das Tagebuch meiner Mutter. Sie beschrieb darin die ersten Lebensjahre von Peer, meinem Bruder, und mir. Als meine Eltern sich verliebten und meine Mutter schwanger mit Peer war, war mein Vater noch mit seiner zweiten Frau verheiratet; in jenen Jahren kurz nach dem Krieg ein ziemlicher Skandal für eine Frau aus gutem Hause.

Peers Geburt muss schwierig gewesen sein. Meine Mutter schrieb in ihrem Tagebuch, dass sein großer Kopf sie während der Geburt gefährlich aufgerissen hatte. Peer war ruhelos, schien nie genug Milch zu bekommen und weinte viel. Ich vermute, dass er unter der unsicheren Situation während der Schwangerschaft meiner Mutter gelitten hatte. Später reiste meine Mutter als Übersetzerin sehr viel mit meinem Vater, weshalb sie meinen einjährigen Bruder monatelang in ein Kinderheim gaben.

Zur Zeit meiner Geburt lebten meine Eltern in Unterägeri, einem kleinen Dorf am Zuger See in der Schweiz. Ich las in den Aufzeichnungen meiner Mutter, dass ich direkt nach meiner Geburt und auch während des Stillens oft einschlief. Ich war anscheinend ein friedliches Kind.

Vor dem Zweiten Weltkrieg besaß mein Vater die erste Knäckebrotfabrik in Deutschland und war sehr wohlhabend. Als Hitler ihn zum Ernährungsminister ins Gesundheitsministerium berufen wollte, setzte er sich sofort in die Schweiz ab. Er ließ dabei einen Großteil seines Vermögens zurück. Alles was er hatte, war unser einfaches Chalet in der Schweiz.

Als ich sechs Monate alt war, befürchtete mein Vater einen dritten Weltkrieg und wanderte mit meiner Mutter, meinem Bruder und mir auf die Kanarischen Inseln aus. Die Familie kehrte jedoch neun Monate später in die Schweiz zurück. Ich erinnere mich noch an den langen Aufstieg zum Chalet, wie ich im Rucksack meines Vaters saß.

Im zarten Alter von drei Jahren wurde ich auf von meinem Vater handgemachte Skier gestellt und lernte, mit den Erwachsenen zu klettern. Ich erinnere mich an viele Tränen und die überwältigende Demütigung, als alle über mich lachten, nachdem ich nach einer kurzen Abfahrt bis zu den Augen im Tiefschnee stecken geblieben war. Ich hasste Skifahren!

Das Leben war rau. Mein Vater war ein professioneller Tyrann und daran gewöhnt, dass alles auf sein Kommando hörte. Peer lag in ständigem Konflikt mit ihm. Außerdem hat mich mein Bruder immerzu provoziert, bis ich vor Wut explodierte. Ich habe bei unseren Kämpfen stets verloren. Seit diesem Alter fragte ich mich, weshalb Leute so angespannt sind und streiten. Warum gehen die Menschen nicht einfach nett und liebevoll miteinander um?

Sowohl meine Mutter als auch mein Vater waren Akademiker. Mein Vater war Doktor der Chemie und hatte sich unter anderem viel Wissen in Ozeanografie, Schiffsbau und Ernährungswissenschaft erworben. Meine Mutter war promovierte Sprachwissenschaftlerin und Dolmetscherin. Sie beherrschte sechs Sprachen fließend und ein paar weitere weniger fließend.

Als Kind habe ich hin und wieder weise Worte geäußert. Das war in meinem Alter unüblich und so bekam ich das Etikett »der Intelligente«. Ich hielt mich jedoch nie für besonders intelligent. Ich habe diese Zuschreibung einfach übernommen und unbewusst daraus gefolgert: »Wenn mir das Aufmerksamkeit bringt, dann werde ich eben ›der Intelligente‹ sein.« Später in meinem Leben wurde mir klar, dass ich mit viel Talent gesegnet bin, aber damals glaubte ich, dass mein Bruder das Monopol darauf hatte. Er war mein großes Idol. Er war stark und charismatisch und ich vergötterte ihn.

Als Peer in die Schule kam, traf ich zum ersten Mal auf andere Schulkinder. Eines Tages bin ich mit Peer zur Schule geschlendert und wurde zu seiner Mathematikstunde eingeladen. Als Vierjähriger löste ich eine Aufgabe, die für die Sechsjährigen unlösbar war. Das hat mir endgültig den Stempel »kluges Kind« aufgedrückt. Für dieses bisschen Genie wurde ich von den Dorfkindern hin und wieder verprügelt. Als ich weinend nach Hause kam, fragte mich mein Vater, weshalb ich mich denn nicht verteidigt hatte. Alles was mir dazu einfiel war: »Daran habe ich nicht gedacht!«

Das Leben auf der Pan

Mein Vater war ein passionierter Segler. Als der Zweite Weltkrieg begann, segelte er gerade vor Griechenland. Im Osten Deutschlands, auf dem Gebiet der späteren DDR, hatte er angefangen, ein 18 Meter langes Schiff zu bauen. Er vermutete, es sei in den Kriegswirren verloren gegangen. Eines Tages erhielt er jedoch die Nachricht eines Freundes, dass dieser das Boot nach Lübeck habe schmuggeln können. Und so zog die Familie nach Lemwerder bei Bremen und mein Vater baute weiter an seinem Boot.

Meine Primarschulkarriere wurde nach wenigen Monaten jäh unterbrochen, als die Yacht Pan fertig gestellt war. Meine Eltern segelten damit von Deutschland nach Spanien, während Peer und ich bei unseren Großeltern in Freiburg blieben. Später holte uns unsere Mutter ab und brachte uns nach Malaga, wo das Boot vor Anker lag. Wir hatten eine Privatlehrerin und ein Dienstmädchen mit an Bord. Außer meinen Eltern litten alle an schwerer Seekrankheit. Bei jedem Segelgang wurde uns schlecht – oft begleitet vom donnernden Gelächter und dem höhnischen Spott meines Vaters.

Mein Vater hielt nichts davon, Kinder die Kunst des Nichtstuns genießen zu lassen oder sie einfach um des Spielens willen spielen zu lassen. Wir wurden zu Sklaven an Bord und verbrachten die meiste Zeit damit, das Deck zu schrubben, den Lack abzuschleifen, den Maschinenraum und den Schiffsbauch zu putzen und Taue zu reparieren. Er hielt uns immer beschäftigt. Wir haben uns oft vor ihm versteckt, um wenigstens ein bisschen Zeit zum Spielen zu haben. Es war zwar nicht leicht, sich auf einem 18-Meter-Boot zu verstecken, manchmal gelang es uns jedoch trotzdem.

Ein paar Erinnerungen an die Zeit auf der Pan haben sich tief bei mir eingeprägt. Eine davon ist unsere Ankunft in Ceuta in Nordafrika. Ich fürchtete mich vor den maskierten Frauen, die die muslimische schwarze Kata trugen. Sie verhüllte ihre Gesichter und ließ nur ihre rätselhaften schwarzen Augen frei, die mich anstarrten. In der Nacht kam ein Dieb an Bord und balancierte gefährlich über die Taue, mit denen das Boot drei Meter vom Quai vertäut war. Maria, das Dienstmädchen, hatte Nachtwache und verjagte den Räuber mit einem großen Küchenmesser. Er fiel ins Wasser und Maria wurde zu unserer Heldin.

Ein anderes Mal ankerten wir vor Mallorca. Das kristallklare Wasser ließ uns bis auf den Grund sehen. Große Fischschwärme webten wundersame Muster ins Meer. Wir konnten zuschauen, wie der Anker sich in den Sandboden grub. Diese Zeit war eine der friedlichsten und harmonischsten an Bord. Die Stimmung war heiter und gelasssen, und das fühlte sich für mich wunderbar natürlich an.

In meinen ersten Lebensjahren verbrachten wir sieben Monate des Jahres auf dem Schiff und fünf Monate im Chalet in der Schweiz. Skifahren und Segeln waren mein Leben. Weil unser Vater uns nie erlaubte, einen Skilift zu benutzen, erklommen wir unermüdlich die Berge von Parsenn. Mein Vater trieb uns immer wieder über unsere Grenzen hinaus. Ich habe sehr früh in meinem Leben gelernt, dass meine Energie viel größer war, als mein Verstand mir einredete.

Anscheinend war mein Vater vor meiner Zeit noch eiserner. Zwei meiner Halbschwestern erzählten mir eine Begebenheit aus ihrer frühen Erwachsenenzeit: Die Familie hielt sich im Chalet auf und die beiden Mädchen erhielten unerwarteten Besuch ihrer Verlobten. Mein Vater bestand darauf, dass die beiden jungen Männer am späten Nachmittag das Haus verließen. Ein wilder Schneesturm hatte die Gegend unpassierbar gemacht. Lawinengefahr drohte und hielt die beiden jungen Männer von der Abreise ab. Mein Vater aber sagte: »Wie auch immer die

Umstände sein mögen – diese beiden Männer werden nicht unter meinem Dach schlafen!« Weil es zu gefährlich und zu kalt war, draußen im Sturm zu schlafen, hatte er einen Vorschlag. Die beiden jungen Männer sollten unter dem großen Esstisch schlafen, sozusagen unter einem eigenen »Dach«. Und das taten sie dann auch.

Ich habe auch einige schöne Kindheitserinnerungen an meinen Vater. Nach langen Tagen mit anstrengenden Skitouren saßen wir am Kamin und Vater erzählte uns Geschichten aus seinem Leben. Er versetzte uns damit in andere Welten. Vor dem Ersten Weltkrieg hatte er in Schweden gearbeitet und sowohl Schweden als auch Norwegen intensiv bereist. Im Krieg war er Pilot und besaß eine Flugschule. Nach seiner Verwundung wurde er aus dem Militär entlassen. Glücklicherweise verheilten seine Wunden später.

Während der finanziell schwierigen Nachkriegsjahre rief er eine Alkoholschmuggelflotte von Deutschland nach Norwegen ins Leben. Seine norwegischen Freunde unterstützten ihn dabei großzügig. Zur Hochzeit fuhren sechs Schmuggelboote unter seinem Kommando. Aufgrund seiner Kenntnisse in Ozeanografie wurde er später Direktor des ozeanografischen Instituts in Rovigno in Norditalien. Dort reifte sein Plan, eine ozeanografische Expedition nach Sumatra in Indonesien mitzumachen. Einer seiner Freunde, ein Arzt, war Teil dieses Projekts. Sie kauften einen 23-Meter-Schoner und machten sich daran, ihn als ozeanografisches Labor einzurichten. Der Arzt ging zuerst nach Sumatra, um Tropenkrankheiten zu studieren und starb dann leider auch an einer.

Mein Vater blieb mit einem großen Boot und ohne Geld zurück. Er brachte das Boot nach Athen und lebte davon, Waffen von Griechenland in die Türkei zu transportieren. Er lebte viele Jahre auf der Insel Aegina und war zu der Zeit einer der wenigen Fremden in Griechenland. Seine erste Frau erwartete ein Kind und überzeugte ihn davon, dass seine Unternehmungen zu gefährlich für einen werdenden Vater seien. Er hörte auf sie und sie verkauften das Boot und kehrten nach Deutschland zurück. Dort gründete mein Vater die erste Knäckebrotfabrik in Deutschland: »Krafts Knäckebrot«. Das Backrezept hatte er von seinen schwedischen Freunden.

Als ich sechs Jahre alt war, segelten wir mit der Pan nach Genua. Viele beängstigende und verrückte Szenen trugen sich auf unserem Boot zu. Die Darsteller in diesen Dramen waren mein tyrannischer Vater als schwerhöriger Kapitän, meine verängstigte Mutter, die nicht segeln konnte, ein Privatlehrer und ein Dienstmädchen, beide seekrank und voller Angst vor dem Kapitän, ein oder zwei Kumpels meines Vaters, die von ihm zu eingeschüchtert waren, um offen zu rebellieren, und wir zwei Jungs.

Einmal, im Hafen von Genua, stehen Peer und ich an der Ankerwinde, bereit, den Anker hinunterzulassen. Mein Vater steht am Steuer. Vater schreit sein

Kommando, den Anker zu setzen. Wir antworten in Zeichensprache und öffnen die Bremse der Winde. Die schwere Kette rast mit unglaublicher Geschwindigkeit nach unten. Peer versucht, die Bremse festzustellen, aber sie funktioniert nicht. Vater hat nicht begriffen, was das Problem war und schreit uns zu, den Anker anzuhalten. Er setzt den Motor volle Kraft zurück, in der Annahme, dass der Anker halten wird. Zu unserem Entsetzen schießt die Kette bis zu ihrem Ende nach unten. Mit einem lauten Knall reißt das Sicherheitskabel. Wir verlieren den Anker und die Kette im schmutzigen Hafenwasser. Das Boot schießt rückwärts Richtung Quai.

Zwei Männer am Quai sind bereit, die Seile an Bord zu werfen. Mutter ist an Vaters Seite. Wir schreien unserer Mutter zu, unserem Vater zu sagen, dass der Anker verloren ist. Sie schreit es in sein Ohr, aber er brüllt nur, dass er während eines solchen Ankermanövers keine Zeit zum Diskutieren habe. Peer rennt zurück und setzt den Motor auf volle Kraft voraus. Vater schäumt vor Wut. Er will auf Peer einschlagen, als er das Problem erkennt. Er brüllt Mutter an, warum sie ihn nicht informiert habe. Etwa fünfzig Zentimeter vor dem Quai kommt das Boot zum Halten. Peer hatte das Boot soeben vor einem üblen Aufprall gerettet, der das ganze Heck aufgerissen hätte. Es dauerte einige Zeit, bevor mein Vater ihm die Anerkennung dafür zollte. Mein Vater war nicht gut im Loben, obwohl er es durchaus bemerkte, wenn wir unsere Sache gut machten. Es war für ihn das Wichtigste, dass er immer die Nummer eins war.

Neben unserem Boot lag der prächtige Schoner »Xarifa« vor Anker. Es war das Expeditionsboot des Tauchers Hans Hass. Seine Taucher waren so nett und tauchten nach unserem Anker. Sie fanden Anker und Kette und außerdem einen fetten Aal. Ich erinnere mich, wie der tote Aal in der Bratpfanne auf- und abhüpfte, und bedauerte ihn.

Die Magenkrämpfe, unter denen ich auf unseren Reisen wiederholt litt, wurden so schlimm, dass mich meine Mutter in Genua zum Arzt brachte. Dort stellte sich heraus, dass der sechsjährige Fritjof ein Stressgeschwür in seinem Magen entwickelt hatte!

Die Schule – Meine Rettung

Peer und ich kamen wieder zu unseren Großeltern nach Freiburg und ich verbrachte drei Wochen im Krankenhaus. Danach hatte ich große Angst vor Ärzten und Krankenhäusern. Vermutlich wurde ich später selbst Arzt, um diese Angst zu besiegen.

Ein paar Monate lang lebten wir ein ruhiges Leben bei unseren fürsorglichen Großeltern und fanden neue Freunde. 1968 landeten meine Eltern in Antibes, Südfrankreich, und mieteten ein Haus. Peer und ich stießen dazu. Wir wurden auf eine französische Schule geschickt, wo niemand ein Wort Deutsch sprach. Wochenlang kam ich täglich heulend nach Hause. Nach zwei Monaten ließen die Lehrer meine Mutter wissen, dass ich ein hoffnungsloser Fall sei. Ich sprach kein Französisch, war ängstlich und weinte zu viel. Als ich das hörte, beschloss ich, es allen zu zeigen. Kurze Zeit später war ich Klassenbester – sogar in Französisch. Zum Jahresende erhielt ich den »Prix d´excellence« für außergewöhnliche Schulleistungen. Meine Eltern waren zu der Zeit jedoch auf Reisen, sodass nur Peer und unser Hausmädchen Jolante da waren, um mir zu gratulieren. Peer hänselte mich oft wegen meiner Intelligenz.

Die meiste Zeit verbrachte ich mit meinem Bruder und seinen Freunden. Ich versuchte, alles zu schaffen, was er schaffte. Ich hatte das Gefühl, dass er stärker und cleverer war als ich. Er war witzig, beliebt bei den anderen Kindern und beliebt bei den Mädchen. Schon sehr früh hielt ich Mädchen für eine widersprüchliche Spezies. Ich fürchtete mich vor ihnen, weil sie sich über mich lustig machten. Ich fand sie geradezu grausam. Auf der anderen Seite verehrte ich sie als Prinzessinnen; unberührbare Göttinnen, die mich so verunsicherten, dass es mir die Sprache verschlug.

Nach drei Jahren in Frankreich verkündete mein Vater, er wolle nach Griechenland ziehen. Er selbst hatte die Schule gehasst, beabsichtigte uns aus der Schule zu nehmen und uns zu griechischen Fischern zu machen. Meine Mutter rebellierte. Sie wollte, dass wir in ein deutsches Internat gehen und nach einer soliden Ausbildung selbst entscheiden, ob wir griechische Fischer werden wollten!

Wieder sagten wir allen Freunden Lebewohl, wieder standen wir vor einem Neuanfang. Das Internat in Schondorf am Ammersee bei München stellte sich jedoch als meine Rettung heraus. Die Kinder waren alle neugierig auf die beiden Jungs aus Frankreich. Plötzlich waren die Leute auch an mir interessiert und nicht nur an meinem Bruder.

Die Aktivitäten, mit denen wir aufgewachsen waren und zu denen wir eine Hassliebe pflegten – Skifahren und Segeln – wurden zu großen Geschenken. Ich war in diesen Sportarten besser als meine Schulkameraden und das brachte mir Aufmerksamkeit, Respekt und Bewunderung. Zum ersten Mal spürte ich, dass ich existierte. Das Internat hatte eine eigene Segelschule und bald wurde ich dort Segellehrer und verbrachte den größten Teil der Sommernachmittage auf dem Ammersee. Jeden Winter gab es für die ganze Schule eine Woche Skiferien. In dieser Zeit lernte ich beides lieben: Segeln und Skifahren.

Die Pubertät war eine verrückte Zeit. Die Mädchen begannen, sich für mich zu interessieren. Mit vierzehn hatte ich meine erste Verabredung mit Sophinette, einer heißblütigen Rothaarigen, und wir gingen Hand in Hand durch das nahe gelegene Wäldchen. Davor hatte ich meinen Bruder gefragt, wie das mit den Mädchen sei und wie man küsse. Und er sagte etwas, das ich bis zum heutigen Tag behalten habe: »Gib nichts vor und versuche auch nicht, jemand anderes zu sein – das funktioniert nicht. Sei einfach natürlich und du selbst – das ist das einzig richtige.« Viele

Jahre später habe ich ähnliche Worte von Osho gehört und dachte in Dankbarkeit an meinen liebsten ersten Lehrer – meinen großen Bruder Peer.

Während meiner Pubertät hatte ich ein unbändiges Verlangen nach Freiheit, was mich dazu verleitete, diverse Schulregeln zu brechen. Ich veranstaltete nächtliche Anhaltertouren zu Jazzkonzerten in München, verbotene Segeltörns auf dem Ammersee am Wochenende und machte unschuldige Experimente mit Mädchen. Ich wurde lebendig und geriet in Schwierigkeiten. Ein Lehrer griff mich in München auf, als ich eigentlich in der Schule hätte sein sollen. Er meldete den Vorfall beim Direktor und der machte klar, dass ich von der Schule fliegen würde, wenn dies noch einmal vorkam.

Als ich sechzehn war, trampte ich von Deutschland nach Spanien und von da durch Frankreich nach Griechenland. In Calonge in Spanien hatte mein Onkel ein Sommerhaus. Dort traf ich ein wunderbares 23-jähriges Mädchen: Susanna aus Schweden. Sie war die beste Freundin meiner Cousine, intelligent, heißblütig und leidenschaftlich. Zwischen uns war eine große Anziehungskraft. Meine romantische Seite war im siebten Himmel, aber mein Freiheitsdrang war so groß, dass ich nur ein paar Tage verweilte und dann nach Griechenland weiterreiste. Ein halbes Jahr später, nach einem Austauschsemester in England, war es Susanna, die mich in die Freuden der Sexualität einweihte. Was für ein Geschenk, dass ich meine Jungfräulichkeit mit einer erfahrenen und liebevollen Frau verlor! Wir verbrachten eine Woche in der Wohnung meiner Cousine, die meiste Zeit davon im Bett. Ich kehrte als neuer Mann an die Schule zurück, war aber auch ruheloser denn je. Ich wollte mehr. Susanne ging zurück nach Schweden und wir schrieben uns noch eine Zeitlang leidenschaftliche Liebesbriefe.

Als mein Bruder achtzehn wurde, wollte er Schondorf verlassen. Er empfand die Schule als zu restriktiv. Meine Mutter reiste aus Griechenland an, wo meine Eltern auf einer Neun-Meter-Yacht lebten, und suchte eine neue Schule für Peer. Ich trampte derweil nach Korfu, um meinen Vater zu besuchen.

Das Leben auf der Fram

Mein Vater hatte im Alter von 79 Jahren mit der Planung für ein größeres Boot begonnen. Da seine Augen nicht mehr gut genug waren, verbrachte ich die meiste Zeit meiner Ferien damit, Konstruktionspläne für eine Zwölf-Meter-Yacht zu zeichnen. Ich lernte viel über Bootsdesign und technisches Zeichnen und war begeistert davon. Ich kümmerte mich um meinen Vater, kochte für uns und manchmal segelten wir zusammen. Es war eine meiner friedlichsten Zeiten mit ihm.

Meine Mutter hatte schon einige Male dabei zusehen müssen, wie riesige Geldsummen für Vaters Yachtprojekte draufgingen. Sie lehnte die verrückte Idee meines Vaters ab, ein neues Schiff zu bauen. Der Bootsbauer in Thessaloniki war genau wie mein Vater 79 Jahre alt und hatte bis dahin nur grobe Kaikis, griechische Fischerboote, gebaut. In unserer Familie herrschte immer die Angst davor, zu wenig Geld zu haben. Das Geld meines Vaters war in amerikanische Aktien investiert und seine Anteile waren ständig auf Talfahrt. Wir haben an kleinen Dingen gespart, aber mein Vater warf das große Geld für Bootsprojekte hinaus. Er war so stur, dass er alleine nach Thessaloniki ging, praktisch gehörlos und ohne Übersetzer, und den Vertrag mit dem Bootsbauer unterschrieb. Leider wurde das Projekt zur Katastrophe und meine beiden Eltern alterten in diesen wenigen Monaten um viele Jahre.

Mein Vater ließ seinen großen Vorrat an Teakholzplanken aus Deutschland nach Thessaloniki bringen. Sie sollten zum Bootsrumpf für das neue Schiff werden, aber es stellte sich heraus, dass der größte Teil davon vom Schiffsbauer gestohlen und verkauft worden war. Der Werftbesitzer brach immer wieder den Vertrag und baute in der Zeit drei Fischerboote. Zwei Jahre lang mussten meine Eltern täglich auf der Werft sein, damit überhaupt gebaut wurde.

Peer und ich verbrachten unsere ganzen Ferien in Thessaloniki und halfen beim Bau. Wir haben es beide gehasst. Ständig herrschte Spannung und mein Vater hatte täglich seine Wutausbrüche wegen des Schiffsbauers und der Werftarbeiter. Meine Mutter tat ihr Bestes, um den Frieden zu bewahren. Sie nahm eine Stelle im Goethe-Institut an, um sich Pausen von diesem Stress zu gönnen. Endlich war der Bootsrumpf fertig und mein Vater nannte die Jacht »Fram«, was auf Schwedisch »vorwärts« bedeutet. Das tat er zu Ehren von Fritjof Nansen, einem seiner alten Freunde, der als Erster bewies, dass der Nordpol von Treibeis bedeckt ist.

Unsere Fram war eine leere Schale ohne Inneneinrichtung, meine Eltern waren Wracks. Wir wollten das Boot nach Korfu bringen, um die Inneneinrichtung dort zu vervollständigen. Ich sollte der Skipper sein. Die Fahrt geriet zum Segelmarathon. Zwei heftige Stürme überraschten uns und wir verloren beinahe den Hauptmast. Im Morgengrauen kam mein Vater aus der Kabine, schaute sich um und sagte: »Hier stimmt was nicht. Du bist kurz davor, uns auf dem griechischen Festland zu stranden.« Ich wehrte mich und deutete auf den Kompass. Er sagte: »Der Kompass geht falsch.« Und er hatte Recht, wie schon so oft. Ich hatte den Handkompass neben den Hauptkompass gelegt und beide hatten sich magnetisch beeinflusst. Der alte Seebär hatte es einfach in seinem Blut. Am Abend erreichten wir dann endlich Korfu.

Am nächsten Morgen saß ich zum ersten Mal in einem Flugzeug, um nach Deutschland zurückzukehren. Die tägliche Schulroutine und die Regeln und Vorschriften in Schondorf wirkten nach einem solchen Abenteuer einfach absurd.

Nach dem Abitur machte ich mich wieder auf den Weg nach Griechenland. Meine Eltern hatten die Fram an eine ältere Amerikanerin namens Betty verkauft. Sie engagierte mich als ihren Skipper. Das wurde mein friedlichster und berauschendster Segeltörn. Ich wusste, dass es möglich war, in Frieden auf einem Boot zu leben, und diese Reise war der Beweis dafür. Betty hatte außerdem auch eine Köchin engagiert. Wir schipperten glücklich um Griechenland herum und fühlten uns wie Kinder auf einer Abenteuerreise. Wir aßen gut, tranken Kaffee und besuchten historische Stätten auf dem Peloponnes. Mein Segeltrauma war geheilt und ich wurde kein einziges Mal seekrank.

Während meiner Schul- und Studentenjahre hatte ich verschiedene spirituelle Plätze besucht, magisch angezogen von etwas, das in mir noch schlummerte.

Ich habe drei Wochen auf dem heiligen Berg Athos verbracht und wanderte von Kloster zu Kloster. Das Klosterleben und die entsagungsvollen Hütten der Eremiten im Süden übten eine große Faszination auf mich aus. Berg Athos ist der Name einer Halbinsel, zu der Frauen keinen Zutritt haben. Nur Mönche und männliche Tiere werden an diesem griechisch-orthodoxen Ort geduldet. Viele schöne, alte Klöster sitzen gefährlich am Hang des zweitausend Meter hohen Berges.

Ich habe vom Gipfel aus Sonnenaufgang und Sonnenuntergang beobachtet und das sind unvergessliche Erinnerungen. Ich reiste mit Thomas, einem Theologiestudenten mit profundem, historischem Wissen, rund um die Klöster und ihre berühmten Ikonen. Kurz vor dem Sonnenuntergang erreichten wir den Gipfel. Eine kleine Kapellenruine bot uns Schutz vor den starken Winden und wir beobachteten den pyramidenförmigen Schatten von Athos, wie er weiter und weiter über das endlose Meer glitt. Der Himmel wurde dunkel und Millionen von Sternen glitzerten über den beiden frierenden Wanderern. Wir hatten nicht genügend warme Kleidung mit und schlotterten die meiste Zeit der Nacht.

Wir hießen die ersten Lichtstrahlen willkommen. Der endlose Pyramidenschatten auf dem Ozean wurde langsam kürzer, bis die strahlend rote Sonnenkugel über den Horizont trat. Wie klein und unbedeutend wir uns angesichts dieser Herrlichkeit fühlten! Und wir empfanden uns als Teil der göttlichen Größe, umschlungen von den zärtlichen Armen der Morgensonne. Die Steifheit in unseren Gelenken schmolz langsam dahin.

Im Osten zu Hause

1971 kaufte ich mir mit zwei Freunden einen alten VW-Bus, mit dem wir von München nach Bombay und zurück fuhren. Seit meiner Kindheit hatten Indien und der Himalaya eine große Anziehungskraft auf mich ausgeübt. Damals war mir noch nicht bewusst, dass ich ein spiritueller Sucher war.

In Konya in der Türkei saßen wir am Grab von Jalaluddin Rumi, und mir liefen die Tränen herunter aus einem tiefen Wiedererkennen heraus. Als wir die Grenze zwischen Afghanistan und Indien überquerten, musste ich wieder weinen, weil ich das Gefühl hatte, nach Hause zu kommen. Und am Fuße des Nanga Parbat im pakistanischen Teil von Kaschmir weinte ich vor Freude.

In Istanbul besuchten wir die Blaue Moschee und waren tief beeindruckt von der Größe ihrer Kuppel, vom riesigen, teppichbedeckten Boden und von der heiligen Atmosphäre. Im Iran sahen wir die Pracht des Islam und der Sufis in den Moscheen von Isfahan und Mashad. Wir waren in Kandahar, Mazar-e Sharif, Bamian und Band-e Amir in Afghanistan – Orte getränkt von Spiritualität und Religiosität. Wir saßen auf dem riesigen Platz vor der Moschee von Lahore in Pakistan und suchten zahlreiche spirituelle Orte in Indien auf, darunter auch Khajuraho. 1971 war Khajuraho ein winziges Dorf, fast ohne Tourismus. Hunderte Statuen, welche die akrobatischsten Liebesakte und die liebreizendste erotische Kunst darstellten, beflügelten unsere männlichen Fantasien und wir träumten vom alten Indien ohne sexuelle Unterdrückung. Das Taj Mahal übertraf mit seiner Schönheit all unsere Vorstellungskraft. Die Höhlen von Ajanta und Ellora brachten uns dem Hinduismus und dem Buddhismus näher. Religiöse Hingabe ließ die Menschen augenscheinlich aus nacktem Felsen die herrlichsten Tempel hauen.

Wir drei waren begeisterte Bergsteiger. In der Türkei erklommen wir den 3900 Meter hohen, atemberaubenden Erciyes. Der Vulkan hatte Göreme geschaffen – eine bizarre Landschaft mit spitzen Kuppeln. Es war eine Zuflucht für verfolgte frühe Christen, die ihre Behausungen in das weiche Vulkangestein gegraben hatten. Im Osten der Türkei bestiegen wir in nur zwei Tagen den 5200 Meter hohen Berg Ararat. Wir hatten keine Ahnung von der Höhenkrankheit und waren uns bewusst, dass es auf halber Höhe angriffslustige kurdische Nomaden gab, die gerade ein deutsches Paar ausgeraubt hatten. Deshalb entschlossen wir uns, einen einheimischen kurdischen Führer zu engagieren. Wir zeigten ihm, dass wir unser ganzes Geld auf der Polizeistation in Dogubayazit gelassen hatten. Als wir dann bei einem kurdischen Zeltdorf ankamen, waren wir überrascht, dass man uns mit großer Gastfreundschaft behandelte.

Am Tag der Gipfelbesteigung standen wir um zwei Uhr in der Früh auf und begannen zu klettern. Als wir den Gletscher erreichten, benutzten wir Seil, Eispickel und Steigeisen – alle, außer dem Führer. Trotz unserer Warnungen wollte er nicht mit uns am Seil klettern. Das Seil sollte unsere Rettung sein, falls der Schnee Gletscherspalten verdeckte. Er beschwerte sich über unser langsames Tempo und meinte, so würden wir niemals den Gipfel erreichen. Er eilte voraus und verschwand plötzlich. Wir fanden ihn in einer engen und tiefen Gletscherspalte steckend. Nur sein Kopf schaute über den Schnee hinaus. Wenn er seine Arme nicht ausgebreitet gehabt hätte, wäre er sofort zwanzig Meter in die Tiefe gestürzt. Wir zogen ihn heraus. Als wir den Gipfel erreicht hatten, war ich so erschöpft wie noch nie zuvor. Meine Lungen schmerzten und ich hatte stechende Kopfschmerzen. Erst Jahre später in Nepal dämmerte mir, dass ich ernsthaft höhenkrank gewesen sein muss.

Nach wenigen Minuten auf dem Gipfel war unser Führer wiederum verschwunden. Wir sahen seine Spuren im Schnee, die direkt vom Berg hinunter führten. Als leidenschaftliche Skifahrer hatten wir unsere Miniskis dabei. Nach einer ausgiebigen Rast am Landeplatz der Arche Noah genossen wir die wunderbare, zweitausend Meter lange Abfahrt vom Berg hinunter.

In den nächsten Jahren besuchte ich Rumtek, Karmapas Kloster in Sikkim, und viele Klöster in Sri Lanka. Das Kloster von Tengboche in Nepal, am Fuße des Eisturms Ama Dablam in der Everest-Gegend, war ein Ort, von dessen Besuch ich seit meiner Kindheit geträumt hatte, nachdem ich davon ein Foto gesehen hatte. 1980 kam ich endlich auf einem Trekk zum Island Peak dort an. Als ich im Klosterhof saß und die hängenden Gletscher der Ama Dablam betrachtete, vergoss ich Tränen der Dankbarkeit. Wieder fühlte ich mich zu Hause angekommen. Mein tiefes Wiedererkennen und die Vertrautheit mit Plätzen, die ich noch nie besucht hatte, machen das Konzept von vergangenen Leben und Wiedergeburt sehr plausibel für mich. Wie hätte ich mich sonst so zu Hause fühlen können in der Türkei, in Afghanistan, Indien und Nepal? Ich muss in der Vergangenheit schon viele frühere Leben in diesen Gegenden gelebt haben.

Meine Zeit als Arzt

Als das letzte Jahr meines Medizinstudiums näher rückte, wurde mir klar, dass ich nicht genug gelernt hatte, um Arzt zu werden. Ich war viel gereist. Zur Finanzierung meines Studiums arbeitete ich während der Semesterferien als Skilehrer und Reiseführer. Jedes Jahr genoss ich meine Zeit als Skilehrer in den schönsten Wintersportorten der Schweiz, in Frankreich, Österreich und Italien. Ich war Trainer für Skilehrer und verbrachte ein wunderschönes Jahr als Austauschstudent in Grenoble in Frankreich. Die meiste Zeit fuhr ich Ski, während meine Kommilitonen unter dem Druck des französischen Bildungssystems litten, welches sehr stark auf Wettbewerb ausgerichtet war.

Ich hatte Angst davor, Arzt zu werden, dieser Aufgabe aber nicht gewachsen zu sein. Das, was ich in meiner frühen Kindheit gelernt hatte, half mir dabei sehr. Mein Vater pflegte zu sagen: »Angst ist ein schlechter Ratgeber. Stell dich der Angst und sieh dann weiter.« Als Kind musste ich so viele Ängste überwinden lernen, dass diese hier nur eine weitere Herausforderung bedeutete. Wenn ich schon Arzt werden wollte, dann aber auch ein guter. Und so habe ich mich vierzehn Monate lang einem extremen Stundenplan unterworfen. Meine Freundin Geli war sehr frustriert, denn ich stand täglich um sechs Uhr auf und studierte bis zehn Uhr nachts. Für Frühstück, Mittagessen und Abendessen unterbrach ich das Studium jeweils für eine halbe Stunde. Mein Gehirn war am Ende dieser Zeit so gut trainiert, dass ich ein Buch über Augenheilkunde lesen konnte und den größten Teil des Inhalts bereits nach drei Tagen verinnerlicht hatte.

Innerhalb von sechs Monaten hatten wir 25 Prüfungen. Vor jeder Prüfung war ich in Panik, hatte das Gefühl, nichts zu wissen und nichts wert zu sein, um sie dann als einer der Besten zu bestehen. Geli war jedes Mal wütend, wenn ich mit einer guten Note nach Hause kam, weil das ganze Drama im Vorfeld umsonst gewesen war. Regelmäßig stritten wir uns, statt die guten Noten zu feiern.

Mein Examen bestand ich mit *summa cum laude* und hatte dabei immer noch das Gefühl, dass ich nichts weiß. Konnte ich überhaupt jemals Arzt sein? Je mehr ich gelernt hatte, desto klarer war mir geworden, wie wenig ich wusste. Ich projizierte immer noch auf praktizierende Ärzte, dass sie von weit größerer Intelligenz sein mussten als ich.

Während meines Praxisjahrs vor der Approbation arbeitete ich als Arzt in verschiedenen Fakultäten. Dadurch bekam ich einen Einblick in die Realität des Arztseins: Tu dein Bestes und tue so, als ob du Bescheid wüsstest! Drei Monate lang arbeitete ich als Chirurg in einem winzigen Krankenhaus in Gernsbach. Die Ärzteschaft bestand aus dem Chefarzt, dem Oberarzt und mir. Ich wurde ins kalte Wasser geworfen und musste ganz schnell schwimmen lernen. Die Nacht- und Wochenenddienste absolvierte ich ganz alleine und sie waren beängstigend. Ich musste viele Entscheidungen treffen, kleinere Operationen durchführen und die meiste Zeit war ich innerlich am Zittern. Das Glück war jedoch mit mir und es ging nie etwas Größeres schief.

Am meisten ängstigten mich Patienten, die nach schweren Unfällen bewusstlos waren und manchmal auch starben. Um meine Angst weiter zu erkunden, habe ich später als Anästhesist und Notfallarzt gearbeitet. Sehr traumatisch war, dass ich viele Menschen sterben sah. Ich lernte damit umzugehen, aber die Unsicherheit und das Gefühl, nicht zu genügen, blieben. Mein ganzes Streben nach Anerkennung war hauptsächlich von Minderwertigkeitsgefühlen geprägt. Ich hatte schon so viele Menschen auf einen Sockel gestellt. Ich wollte mit ihnen konkurrieren, die Leiter hochklettern und an einem ähnlichen Platz ankommen, nur um festzustellen, dass das, was so verlockend ausgesehen hatte, eigentlich nichts Besonderes war.

Mein Vater und mein Bruder waren sehr gute Skifahrer. Um sie beide zu toppen, wurde ich Trainer für Skilehrer. Mein Vater war ein sehr erfahrener Segler und so musste ich natürlich Segellehrer werden. Als Kind hatte ich große Angst vor Ärzten, was dazu führte, dass ich selbst Arzt wurde. Alles, was in meiner Familie viel gegolten hatte, musste ich erobern und leben. Als ich das geschafft hatte, ließ das Interesse nach, denn ich habe mich nicht darin gefunden.

Im Alter von 29 Jahren erhielt ich ein attraktives Stellenangebot als Oberarzt in Konstanz. Ich malte mir eine rosige Zukunft aus, aber dennoch sträubte sich etwas in meinem Inneren dagegen. Mein Herz lehnte es ab, für fünf Jahre eingesperrt zu werden. Obwohl mich alle beneideten und beglückwünschten, sagte ich ab.

Ich hatte mir zwanzigtausend Mark zusammengespart und machte mich gemeinsam mit Geli auf die Reise. Wir hatten vor, so lange unterwegs zu sein, wie unser Geld reichte. Wir reisten nach Ladakh und trekkten monatelang durch Zanskar nach Leh. Danach ging es weiter nach Nepal, wo wir zwei Monate lang in der Gegend um Langtang, Annapurna und Mount Everest wanderten. Wir erklommen den 6200 Meter hohen Island Peak. Wir waren nur zu zweit und kletterten im alpinen Stil. Dabei überholten wir eine professionelle Expedition, die nur sehr langsam vorankam. Wir waren stolz, stark, frei und abenteuerlustig.

Später wurde mir klar, dass ich die Abenteuer zwar genoss, sie aber teilweise nur deshalb durchzog, weil ich beweisen wollte, dass ich höher als mein Vater klettern konnte. Zurückblickend kann ich sagen, dass es immer einen Teil in mir gab, der beweisen wollte, zumindest gleich gut wie die Leute zu sein, zu denen ich aufschaute.

Erfahrungen mit Drogen

Nach meinem 30. Lebensjahr begann ich, mit Drogen zu experimentieren. Ich probierte Marihuana in Nepal, LSD in Thailand und Ecstasy auf Hawaii und in Griechenland. Zu dieser Zeit waren diese Drogen dort legal.

Als fleißiger Student und Arzt hatte ich mich nicht für Drogen interessiert. Auf unseren Reisen durch Asien waren Rauschmittel aber überall leicht erhältlich. In Nepal wanderten wir durch ganze Marihuanafelder mit so großen Pflanzen, dass sie fast wie Bäume aussahen, und die Einheimischen boten es zu lächerlich geringen Preisen an. Ich beschloss, es auszuprobieren. Die Wirkung äußerte sich bei mir jedoch hauptsächlich in Lethargie. Ich wollte mich überhaupt nicht mehr bewegen. Da verstand ich, weshalb Gras rauchen auch »stoned sein« genannt wurde. Ich fühlte mich tatsächlich wie ein Stein. Geräusche und Musik wirkten viel stärker auf mich und es schien, dass Marihuana das Zuhören erleichterte.

Pokhara in Nepal war ein Dorf, welches aufgrund seiner fantastischen Lage direkt am Phewa-See viele Hippies und Reisende anzog. Von dort aus hatte man eine beeindruckende Sicht über die Annapurna-Kette. Restaurants und Cafés schossen aufgrund der großen Nachfrage wie wild aus dem Boden. Die meisten boten ein mit magischen Pilzen gefülltes »Spezial-Omelett« an.

Geli und ich suchten uns einen besonders warmen und sonnigen Tag aus, liehen uns ein Ruderboot aus und frühstückten das »Spezial-Omelett«. Die erste Stunde passierte nichts und wir genossen das wunderbare Panorama des Himalaya, das sich im See spiegelte. Auf der Mitte des Sees veränderten sich die Dinge plötzlich dramatisch. Die Berge verblassten im Hintergrund und wurden uninteressant. Das Boot, der See und das Gegenüber – alles, was in unmittelbarer Nähe war – rückte ins Bild und wurde zum Wichtigsten in der Welt. Wir sprachen alles aus, was wir sahen, und der andere nahm dasselbe gleichzeitig wahr.

Viele Stunden später erreichten wir das Ufer. Dort führte ich einen intensiven und bedeutsamen Dialog mit einer Krähe. Ich verstand alles, was sie sagte, und hatte natürlich das Gefühl, dass sie mich auch verstand. Meine Freundin war plötzlich von ein paar Hunden umringt, was Angst in ihr auslöste. Sie rief um Hilfe und ich schwebte zu ihr hin und fühlte, wie ich überfloss vor Liebe und Mitgefühl. Die Hunde verschwanden und sie lächelte wieder. Im Nachhinein betrachtet, scheint dieses Erlebnis ein Fenster geöffnet zu haben, um im Hier und Jetzt zu leben. Die Nachwirkungen waren ernüchternd. Der Körper fühlte sich völlig ausgelaugt an, und wir brauchten zwei Tage, um uns davon zu erholen.

In Ko Samui bot uns jemand LSD an. Ich war in Experimentierlaune und probierte es aus. Es war ähnlich wie mit den Pilzen, doch es wirkte härter auf den Körper. Während ich im warmen Sand unter einer Kokospalme lag, raste mein Herz. Ich beobachtete, wie die Zweige in ihrer eigenen Sprache zu mir sprachen. Jedes Blatt hatte seine eigene Nachricht von Präsenz, Tanz, Licht und Schatten für mich. Sie sprachen zu mir über ihre Verbindung mit dem Baum, der Erde, dem Sand, den Meeren und mit der ganzen Existenz. Ich war eins mit dem Baum und ganz versunken in unseren Dialog. Zwischen uns war tiefes Verständnis. Am nächsten Tag hatte ich dann einen furchtbaren Kater. Viele Jahre später sollte ich ein ähnliches Erlebnis des Einsseins haben, als ich aus dem Traum des Getrenntseins erwachte, diesmal jedoch ohne Nebeneffekte und diesen anstrengenden Kater.

Das erste Mal, als ich Ecstasy ausprobierte, verbrachten meine Freundin und ich einige Zeit auf der Hawai-Insel Maui. Wir hatten alles gut vorbereitet, nahmen Vitamine und Mineralstoffe, tranken viel Wasser und gingen zu einem schönen Wasserfall tief im Regenwald.

Wir erlebten einen wunderschönen Tag voller Gemeinsamkeit, Liebe und Verbindung. Es gab keine Trennung. Wir waren eins mit dem Wasserfall, dem Dschungel, den Vögeln und den Insekten um uns herum. Wir waren Wasserwesen und verbunden mit den Fischen. Wir waren Vögel, die frei am Himmel flogen, und wir waren Insekten, die auf Baumstämmen herumkrabbelten. Wir kommunizierten nonverbal und konnten die Gedanken des anderen sehen und hören. Damit wir uns daran erinnerten, machten wir ein Foto von uns.

Zu unserer großen Überraschung schien das Foto jedoch lediglich die Existenz außerirdischer Lebensformen zu beweisen. Wir sahen aus wie zwei bleiche, geisterhafte Kreaturen von einem anderen Planeten. Auf dem Bild war nichts von der Strahlkraft und Offenheit zu sehen, die wir gespürt hatten. Wir waren offensichtlich einer tiefen, chemisch verursachten Illusion erlegen.

Das zweite Mal nahmen wir auf einem Segeltörn in der Ägäis Ecstasy. Wir hatten eine Yacht gechartert und segelten um die Kykladen. Nachdem wir den Anker an einer schönen Bucht im Süden von Pholegandros gesetzt hatten, gingen wir an Land, um die Vitamine und Mineralstoffe zu uns zu nehmen. Kaum setzte die Wirkung der Droge ein, begann einer unserer Freunde damit, Touristinnen nachzustellen, die bald ziemlich genervt von ihm waren. Ein anderer Freund setzte sich unter ein Schlauchboot und murmelte vor sich hin, wie schrecklich das Leben sei. Er wurde deprimiert und empfand das Leben nicht mehr lebenswert. Jemand rief: »Genauso fühlte ich mich, als ich vor zehn Jahren in die Psychiatrie eingeliefert wurde!«

Meine Freundin wurde bleich und ängstlich und konnte ihren Körper nicht mehr spüren. Ich nahm sie an der Hand und hielt sie an, mit den Füßen auf den Boden zu stampfen, um sich zu erden. Im flachen Wasser sahen wir eine durchsichtige Krabbe und sie rief: »Genauso fühle ich mich – wie eine durchsichtige Krabbe!« Als ich sie anschaute, konnte ich das nur bestätigen – es schien, dass sie nur noch durch einen seidenen Faden mit ihrem Körper verbunden war.

Wir wurden alle durstig, hatten aber vergessen, Wasser vom Boot mitzubringen. Als Skipper des Schiffs fühlte ich mich verantwortlich. Obwohl mein Verstand auf Droge war, blieb ich so praktisch und präsent wie ich konnte, damit uns nichts Schlimmes widerfuhr. Ich nahm unser Surfbrett und surfte zum Boot, um Wasser zu besorgen. Auf dem Rückweg führte ich ein akrobatisches Kunststück vor, das ich in nüchternem Zustand niemals geschafft hätte. In einer Hand hielt ich einen Eimer mit fünf Wasserflaschen und in der anderen Hand das Segel des Surfbretts. Der Wind blies heftig und ich navigierte die dreihundert Meter zum Strand, ohne zu fallen oder den Eimer zu verlieren.

Stundenlang spazierte ich mit meiner Freundin am Strand auf und ab, stampfend, damit ich sie in ihrem Körper halten konnte. Ich tröstete unseren deprimierten Freund, hielt das Mädchen im Arm, welches Angst hatte, psychotisch zu werden, und beruhigte den Schürzenjäger. Endlich nahm die Wirkung der Droge ab und ich war kuriert davon, je wieder mit Rauschmitteln dieser Art zu experimentieren.

Pune

1980 besuchten Geli und ich die tantrischen Tempel von Khajuraho, bei denen ich 1971 schon einmal gewesen war. Dort trafen wir auf ein deutsches Paar. Sie hatten ein Buch von Satyananda, einem deutschen Journalisten, gelesen, der über seine Zeit mit Osho in Pune schrieb[*]. Wir liehen uns das Buch aus und lasen es in einer

---

[*] Jörg Andrees Elten [Satyananda], Ganz entspannt im Hier und Jetzt. Tagebuch über mein Leben mit Bhagwan in Poona, Reinbek 1979.

Nacht von vorne bis hinten durch. Es brachte unseren Verstand völlig durcheinander. Es war einfach unglaublich. Ich dachte mir: »Wenn nur die Hälfte davon wahr ist, dann muss ich dorthin.«

Was mich daran am tiefsten berührte, waren die Zitate aus Oshos Diskursen. Ich hatte das Gefühl, dass er einen Teil in mir ansprach, der gleichzeitig vertraut und verborgen war. Er ermutigte den Zuhörer, in jedem Aspekt des Lebens authentisch zu sein und sich zu trauen, jeden Moment ins Unbekannte zu gehen. Ich fand die Offenheit rund um die Sexualität faszinierend. Obwohl ich mit Geli eine wunderbare Freundin hatte, war ich voll von sexuellen Fantasien. Wir waren bereits seit neun Jahren ein Paar und ich fragte mich, was wohl passieren würde, wenn wir nach Pune kamen.

Sechs Wochen später kamen wir am »Torlosen Tor« des Rajneesh-Ashrams, wie die Internationale Osho-Kommune damals genannt wurde, an. Die Schüler Oshos, die Sannyasins, trugen rote Roben und die Mala, eine Holzperlenkette mit einem Bild von ihm. Das schien mir heilig und seltsam zugleich. Nachdem mein erster Widerstand nachgelassen hatte, traf ich viele wunderbare, offene Menschen. Die Frauen wirkten auf mich strahlend schön, sanft und offen.

Osho sprach zweimal am Tag. Er trug makellos weiße Roben und fuhr in einer Mercedes-Limousine vor. Er betrat das Podium, setzte sich in einen bequemen Stuhl und begann zu sprechen. Als ich ihn das erste Mal sprechen hörte, war es für mich eine Offenbarung. Dieser indische Guru mit seinem langen Haar und dem Vollbart sprach mir aus dem Herzen! Mein Verstand hatte viele Urteile und Projektionen, aber mein Herz jubilierte. Er drückte in Worten das aus, was ich in meinem tiefsten Inneren wusste, aber nie in Worte zu fassen vermocht hatte. Er sprach meine tiefsten Sehnsüchte an. Er beantwortete Fragen, die mich seit Monaten beschäftigten. Er sprach unablässig zu mir – ja, zu mir – obwohl da ungefähr zweitausend Menschen in der Buddha-Halle saßen. Er griff in schockierender Weise organisierte Religionen, Priester und Politiker an, genau wie mein Vater. Mein Verstand wollte auf keinen Fall einen weiteren Vater. Weil er mich aber so an meinem Vater erinnerte, trug ich als Zeichen meiner Rebellion während der ersten beiden Monate weiße Kleidung, während die meisten anderen die Sannyasfarben trugen – Orange, Rot und Weinrot.

DIE ANFÄNGE DER MEDITATION

In der Buddha-Halle wurde ein tägliches Meditationsprogramm angeboten und oft nahm ich daran teil. Meine ersten Erfahrungen mit der Dynamischen Meditation und der Kundalini-Meditation waren erstaunlich – manchmal sogar schockierend. Ich liebte die Kundalini-Musik, speziell in der Tanzphase. Ich glaubte, dass die Musik bei jeder Kundalini anders war, und war überrascht zu erfahren, dass es tatsächlich immer dieselbe Musik war.

Bis zu diesem Zeitpunkt glaubte ich, dass meine Kindheit im Großen und Ganzen gut verlaufen ist. Ich wunderte mich, dass die Leute so viel Aufhebens machten über ihre sogenannten Kindheitstraumen.

Aber eines Tages während der Kundalini begann mein eigener Horrorfilm. Während der Schüttelphase kamen Bilder in mir hoch, an die ich mich nie bewusst erinnert hatte. Ich fühlte mich klein und voller Angst, während sich mein Vater über mich beugte und schrie. Panik erfasste meinen Körper und ich weinte und schrie: »Bitte tu mir nicht weh!« Ich sah, wie er voller Zorn meinen Bruder bestrafte und fühlte mich innerlich brüllen: »Bitte tu ihm nicht weh!« Ich sah, wie meine Mutter starr vor Angst auf dem Boot saß, während er sie zornig anbrüllte. Ich hörte mich »Mama, Mama!« rufen. Mein Körper zitterte vor Angst, als mich diese Bilder überschwemmten. Mein Unterbewusstsein entlud Stress und Angst, die seit meiner Kindheit in meinem Körper eingeschlossen waren. Nach jeder Meditation fühlte ich mich erschöpft, aber auch erfrischt und leichter.

Während der Dynamischen Meditation entdeckte ich große Mengen an Ärger und Zorn, speziell über meinen Vater. Jahrelange Frustration darüber, mit ihm nicht normal kommunizieren zu können, stieg hoch. Ich staunte, wie viel mein Körper und mein Verstand in meinen Zellen gespeichert hatte, ohne dass ich davon wusste. Ich konnte kaum glauben, wie viel emotionale Klärung durch diese aktiven Meditationen geschah.

In einem der vielen Prozesse, an denen ich teilnahm, drosch ich 24 Stunden lang mit einem Stock auf eine Matratze ein, aber ich fand immer noch mehr Wut. Am Ende dieses Experimentes hatten sich meine Schenkel um ein Viertel verringert – so viel Energie hatte der Körper als Spannung in den Muskeln gehalten.

Ich nahm an einigen Kursen teil wie »Atem«, »Centering« und »Enlightenment Intensive« und auch an einem dreiwöchigen Prozess, der »Innere Reise« genannt wurde. Dort hatte ich erstaunliche Erlebnisse. Die Therapeuten erschienen mir wie strahlende Lichter aus Wahrheit und Mitgefühl. Auf der anderen Seite fürchtete ich mich vor ihnen, weil sie verborgene Seiten in mir erkannten, die mir noch unbekannt waren. Ich entdeckte viel Wut, Schuldgefühle und sexuelle Unterdrückung und auch viel Trauer.

Am Morgen nach Oshos Diskursen versammelten wir uns in der Buddha-Halle für den Sufi-Tanz mit Aneeta. Sie führte uns durch ein Spiel aus Gesang und Tanz, das unsere Herzen berührte, sodass sie sich öffneten und mit den anderen verschmolzen. Am Abend kam der größte Teil der Kommune in die Buddha-Halle zur Music Group, einem Höhepunkt des Tages. Tausende von Menschen sangen und bewegten sich zur wunderbaren Musik von Anubhava/Peter Makena. Mehr als einmal stand ich am Rande der Buddha-Halle, lauschte dem Auf und Ab der Stimmen, die mit ihrer Liebe für das Göttliche sangen, und habe vor Dankbarkeit und überwältigender Sehnsucht geweint und mich wie im Himmel auf Erden gefühlt.

Die Anfänge der Meditation

Eine Woche bevor Geli und ich wieder nach Nepal abreisen wollten, lud uns ein Freund zu seinem Sannyas-Darshan ein. Während die meisten Leute im Ashram in der Music Group sangen und tanzten, versammelte sich eine kleine Gruppe im kleineren Chuang-Tzu-Auditorium für einen Darshan mit dem Meister. Ein Darshan ist ein Treffen, bei dem der Meister Segnungen gibt. Osho weihte neue Leute in Sannyas ein, die dadurch seine Schüler wurden. Der Einzuweihende saß vor dem Meister und Osho sprach ihn direkt an, gab ihm einen neuen Namen und erklärte ihm dessen Bedeutung. Das Treffen war immer tief berührend. Oshos Worte durchdrangen den Menschen vor ihm bis in sein Innerstes und brachten die verborgene Schönheit auf wunderbare Weise zum Vorschein. Das wollte ich auch! Zu der Zeit hatte ich zwar noch nicht vor, sein Schüler zu werden, aber ich wollte die Erfahrung machen, vor Osho zu sitzen, ihn zu mir sprechen zu hören. Das dachte ich zumindest. Am nächsten Tag baten Geli und ich um die Einweihung in Sannyas.

Vor Osho zu sitzen war die schlichteste, präsenteste und bodenständigste Erfahrung. Seine Augen waren wie unendliche dunkle Seen von Frieden und Freude. Ich erinnere mich fast an jedes Wort, das er sagte. Es war ein zeitloser Moment der Präsenz, Schlichtheit und Klarheit. Es war so schlicht, dass ich mich wunderte, weshalb andere Leute in ekstatische Verzückung gerieten oder beinahe ohnmächtig wurden, wenn er sie berührte. Hier sind seine Worte an mich:

Das ist dein neuer Name: Swami Fritjof. Fritjof heißt Frieden und Dieb – beides ist schön. Frieden ist das, was du verloren hast. Er wurde dir von der Welt gestohlen und du musst ihn wieder stehlen. Er wurde von der Welt zerstört und du musst ihn dir wieder erobern.

George Gurdjieff pflegte zu sagen, dass der wahre Suchende schlau sein müsse, weil die Welt sehr berechnend und täuschend ist. Wenn du dich nicht in Acht nimmst, wird sie dich weiterhin täuschen. Sie wird dich weiterhin betrügen. Sie hat dich um all deine Schätze betrogen und hat dir stattdessen allen möglichen Mist übergeben. Du musst wachsam sein, sehr wachsam und auch ein bisschen schlau, damit du nicht mehr getäuscht werden kannst und es sofort merkst, wann immer die Welt versucht, dich zu täuschen. Du musst auch schlau sein, allen möglichen Verstrickungen zu entfliehen, ohne zu viel Aufhebens zu machen. Es ist, als wenn ein Gefangener versucht, aus dem Gefängnis zu fliehen. Wenn er zu viel Unruhe verursacht, wird er geschnappt. Er muss leise, sehr leise vorgehen – so als ob gar nichts geschieht. Und er muss viel unternehmen, er muss die Wand durchbrechen. Vielleicht muss er die Gitterstäbe vor dem Fenster zersägen. Er muss eine Verbindung zur Außenwelt herstellen. Vielleicht muss er ein Seil über die Mauer werfen, auf die andere Seite der Mauer. Er muss an diesem Seil hochklettern und von der Mauer springen. Und all das muss auf eine stille Art und Weise geschehen, so als ob nichts geschähe, als ob alles normal sei. Natürlich muss er schlau sein – er muss ein Dieb sein! Natürlich versucht er nur, das zurückzuholen, was ihm genommen wurde. Aber er muss ein Dieb sein, um das zu stehlen, was ihm gehört.

Deshalb erfordern alle Methoden große Intelligenz. Dumme Leute kommen nicht aus dem Gefängnis raus, können sich nicht aus den Fallen befreien. Das erfordert sehr große Intelligenz. Und Meditation befreit ganz sicher eine große Intelligenz. Sie ist die einzige Methode, welche die Intelligenz in dir freisetzt, dich klug macht, dein Bewusstsein schärft, dir hilft, klar zu sehen, dich aufmerksamer und bewusster macht. Sie hält dich immer wachsam.

Wie lange wirst du hier sein?

Eine Woche.

Komm danach wieder. Eine Woche reicht nicht, um aus dem Gefängnis zu entkommen. Eine Woche reicht vielleicht aus, um ins Gefängnis hineinzukommen, aber um rauszukommen, braucht es Zeit!

Eine Woche später reisten Geli und ich weiter nach Darjeeling, Sikkim und Nepal. Wir hatten das Bedürfnis, über dieses Gefängnis noch etwas mehr zu erfahren.

Unsere Reise führte uns durch Burma, Ko Samui in Thailand, Penang in Malaysia, Sumatra und Nias in Indonesion sowie nach Singapur und Bali. Als wir ein Ticket über die USA nach Australien und zurück nach Europa kaufen wollten, hielten wir endlich inne. Pune rief uns. Wir stellten fest, dass das äußere Reisen eine Art Konsum geworden war, und dass wir uns endlos von einem aufregenden Abenteuer zum nächsten bewegten, damit beschäftigt, uns mit neuen Eindrücken zu füllen. Wir waren gesättigt. Uns wurde klar, dass wir voll von äußeren Abenteuern waren, aber nach inneren Abenteuern hungerten.

Im Herbst 1980 kehrten Geli und ich nach Pune zurück. Wir planten, so lange zu bleiben wie das Geld reichte. Von Malaysia aus buchten wir die Kurse, die uns beim letzten Aufenthalt empfohlen worden waren. Aufgrund einer Änderung bei Indian Airlines landeten wir in Kalkutta statt in Bombay. Nach einer Zugfahrt, die zwei Tage und Nächte dauerte, kamen wir endlich in Pune an. Noch am selben Nachmittag begann ich die Primärgruppe.

Fünf Wochen lang besuchten wir verschiedene Kurse. Während der ganzen Zeit sahen wir uns nur an den Abenden in unserem gemeinsamen Zimmer. Mein letzter Kurs war ein zehntägiges Vipassana-Retreat. Während all dieser Tage saßen wir in Stille und beobachteten den Atem und den Verstand. Mein Verstand drehte durch! Er war sehr kreativ und seine Hauptfantasie bestand darin, dass ich Geli heiraten und meine ganze Familie zu einer großen Hochzeitsfeier einladen wollte. Und dann, wenn der Moment des Jasagens gekommen wäre, würde ich verkünden: »Wir lieben uns, aber wir brauchen keinen Vertrag dafür und deshalb werden wir auch nicht heiraten. Vielen Dank, dass ihr gekommen seid, und jetzt feiern wir unsere Liebe!«

Ich kam aus der Vipassana-Gruppe und brannte darauf, Geli von meinem Plan zu erzählen. Wir waren fast auf den Tag genau zehn Jahre zusammen. Wir lebten und reisten zusammen, teilten unser Geld, hatten den gleichen Beruf, und unsere Liebe schien zu reifen und zu blühen. Wir hatten sogar unseren ersten Pune-Aufenthalt überlebt, bei dem sich so viele Paare trennten, weil sie das Bedürfnis nach Freiheit hatten und mit anderen Partnern experimentieren wollten. Ich ging also in unser Zimmer und wollte Geli von meinem Plan erzählen. Als ich den Raum betrat, sah ich einen Brief auf dem Bett liegen. Ich war ganz aufgeregt, von meiner Geliebten zu hören, die ich zehn Tage lang nicht gesprochen hatte. Ich öffnete den Brief und las: »Geliebter Fritjof, ich danke dir für zehn wundervolle gemeinsame Jahre. Im Kurs ›Awareness and Expression‹ habe ich einen anderen Mann getroffen. Ich habe mich verliebt und bin nun mit ihm zusammen. Wir können sprechen, wenn wir uns treffen. Alles Liebe, Geli.«

Das erste Satori

Plötzlich fehlte die andere Hälfte von mir. Ich befand mich in freiem Fall. In den vergangenen zehn Jahren hatte ich für zwei gedacht, organisiert, verdient und gelebt. Es gab keinen Kampf, kaum Konflikte und wir liebten uns mehr denn je. Und dann dieser Moment intensivster Konfrontation – mein ganzes System fiel in einen Schockzustand.

Ich meditierte und ging wie in Trance durch den Ashram. Mit einer Frau aus dem Vipassana-Kurs hatte ich eine Verabredung, aber sie zu treffen, füllte das Loch nicht aus. Jeden Tag sah ich Geli mit ihrem neuen Freund, und mein Herz schmerzte. Ich blieb noch eine Weile in Pune, entschied dann aber, nach Goa zu reisen, um etwas Abstand zu gewinnen.

Im Zug nach Goa wurde ich schwer krank. Mein Körper zuckte und krümmte sich zusammen vor Durchfall und Erbrechen. Ich hatte das Gefühl, sterben zu müssen. In Panjim konnte ich vor lauter Schwäche den Zug kaum verlassen. Ich begab mich zum Haus in Anjuna Beach, in dem ich im Jahr zuvor schon gewohnt hatte, und brach zusammen. Ich war nicht unglücklich. Ich erwartete, unglücklich zu sein, aber wenn ich genau hinschaute, war es nicht da.

Zehn Tage lang lag ich ununterbrochen unter einer Kokospalme – zu schwach, um mich zu bewegen. Ich war vollkommen glückselig und einfach nur präsent. Drei Wochen vergingen in einem Zustand von Satori, in einem Geschmack von Erleuchtung. Mein Körper war ein Wrack, aber der Geist stieg in die Höhe. Wenn ich sterben sollte, dann war ich bereit. Alles war einfach vollkommen.

Sexuelle Träume werden wahr

Während sich mein Körper erholte, meldete sich das Leben zurück. Ich unternahm lange Strandspaziergänge und begann, die tropische Leichtigkeit zu genießen. Ich liebte den Strand, die Palmen, die Restaurants und Teestuben, die Getränke und gutes, einfaches Essen anboten. Zu der Zeit waren andere Schüler von Osho unschwer zu erkennen. Sie trugen rote Kleidung und Malas und es war ein Leichtes, miteinander in Kontakt zu kommen.

Eines Tages am Strand bemerkte ich die fließende Silhouette einer Frau in Bikini und rotem Lunghi. Ihr blondes Haar leuchtete in der Sonne wie pures Gold. Der Wind öffnete den Lunghi und enthüllte herrliche, gebräunte Beine. Als ich näher kam, lächelten mich ihre blauen Augen warm an. Ich hatte sie vorher noch nie getroffen. Sie war schön und offen. Wir verschmolzen in einer langen Umarmung und verabredeten uns für den Abend. Sie lebte auf der palmengesäumten Veranda eines traditionellen Goa-Hauses. Wir liebten uns zu den Klängen des Windes und der Wellen. Die Grillen begleiteten uns mit ihren Symphonien, bis wir in einen seligen Schlaf fielen.

Am nächsten Tag besuchte ich einen Freund in Arambol. Er hatte ein Haus auf einem Hügel über dem Meer gemietet. Er lud mich ein, auf seiner Veranda zu übernachten, während er und seine Freundin im Schlafzimmer schliefen. Mitten in der Nacht spürte ich die Wärme eines Frauenkörpers neben mir. Ich war im Halbschlaf und wir liebten uns in der sanften Brise. Ich habe mich nicht darum gekümmert, wer sie war, sondern habe es einfach genossen. Am nächsten Morgen dämmerte mir, dass es die Freundin meines Freundes gewesen war, die ihren Weg in mein Bett gefunden hatte. Nach einer kurzen Eifersuchtsszene schlossen wir drei Frieden und genossen ein herrliches Frühstück auf dem Balkon.

Unter uns befand sich unter einer großen Kokospalme ein alter indischer Steinbrunnen. Dort wusch sich eine schöne Frau mit langem dunklem Haar, nur einen Lunghi um ihre Hüften. Ihre wohlgeformten Brüste waren nass und leuchteten in der frühen Morgensonne. Sie war selbstversunken und sich keines Beobachters bewusst. Ich saß ganz still da und betrachtete staunend diese wunderschöne Szene. Begehren für diese Schönheit schoss in mir hoch. Ich fühlte mich wie im Garten Eden. Ich wollte mich nicht bewegen, um die Schönheit des Moments nicht zu zerstören, aber mein Verstand war voller Begierde. Als ich später am Strand entlangging, sah ich sie wieder. Sie lag alleine da und ich näherte mich ihr. Sie war Französin, hieß Nadia und hatte tiefe dunkle Augen. Wir machten einen langen Strandspaziergang und lachten dabei viel. Ich entdeckte eine vergessene Persönlichkeit in mir, als ich nach vielen Jahren wieder einmal Französisch sprach. Ich war spielerischer, charmanter, leichter, witziger und natürlich inspiriert von meiner Eroberung. Uns verbanden viele gemeinsame Interessen und auch sie hatte Medizin studiert. Das war der Beginn einer glücklichen Liebesaffäre, die einige Monate lang hielt. Wir gingen zusammen auf Reisen und gemeinsam auch wieder zurück nach Pune. Ein paar Wochen später ging mir das Geld aus und ich musste nach Europa zurückkehren, während Nadia in Pune blieb.

Zurück in Europa

Auf der Rückreise besuchte ich meine Eltern in Korfu. Sie hatten sich vor zwanzig Jahren ein Häuschen an der Ostküste der Insel gebaut und lebten dort ein friedliches Leben am Meer. Mein Vater war bereits über neunzig Jahre alt. Er hatte all sein Geld auf dem amerikanischen Aktienmarkt verloren oder es für verschiedene Boote verprasst. Meine Mutter war nun mit ihren sechzig Jahren gezwungen, den Lebensunterhalt zu verdienen, und arbeitete als mehrsprachige Führerin archäologischer Touren.

Als ich in roter Kleidung mit Mala, langem Haar und Bart am Flughafen ankam, erkannte mich meine Mutter erst gar nicht. Dann war sie geschockt und sagte immerzu: »Mein Gott, mein Gott!« Vor ihren griechischen Freunden entschuldigte sie sich für mich. Der gradlinige und erfolgreiche junge Arzt war zum Hippie geworden und hatte sich einem religiösen Kult angeschlossen – was für eine Schande! Die griechischen Freunde jedoch nahmen es locker und meinten: »Mach dir keine Sorgen, er sieht doch schön aus – wie Jesus!«

Zu meiner Überraschung fühlte sich mein Vater, von dem ich eine viel stärkere Reaktion erwartet hatte als von meiner Mutter, inspiriert. Er dachte ernsthaft darüber nach, sich selbst einen Bart wachsen zu lassen, meine Mutter jedoch protestierte dagegen.

Zwei Monate lang blieb ich auf Korfu, lehrte meine Mutter meditieren und reparierte zahlreiche Dinge im Haus. Langsam kam ich wieder im Westen an. Ich ging oft in der örtlichen Disco tanzen, wo ich Wendy aus Australien traf. Daraus entwickelte sich eine neue Romanze.

Ich begann das, was ich in Pune gelernt hatte, anzuwenden und Wendy wurde meine erste Klientin für eine Atemsitzung. Ich lud sie ein, mit mir nach Deutschland zu kommen. Zu der Zeit besaß mein Bruder Peer einen Pferdehof in der Nähe des Ammersees. Da gingen wir hin und konnten bei ihm wohnen.

Nach ein paar Tagen erhielt ich einen Anruf von Nadia. Sie war auch wieder in Europa und wollte mich treffen. Nun wurde es interessant. Wie würde ich mit zwei Frauen zurechtkommen? Es lief darauf hinaus, dass ich eine Woche lang zwei Frauen an meiner Seite hatte – ein weiterer Traum wurde wahr. Die Realität war jedoch weniger süß, denn die beiden Frauen konnten sich nicht besonders gut leiden und wollten beide mehr von mir. Zu guter Letzt floh ich in die Arbeit und überließ beide ihrem Schicksal in München. Ich trat eine weit entfernte Stelle als Vertretungsarzt an der Grenze zu Ostdeutschland an.

Abschied von meinem Vater

Bis zu seinem 94. Lebensjahr war mein Vater kaum jemals krank gewesen. Nachdem ich Korfu verlassen hatte, berichtete meine Mutter, dass er täglich müder werde und das Bett nicht mehr verlassen wolle. Sie saß bei ihm und hielt seine Hand, bis er eines Nachmittags einschlief und nicht mehr aufwachte.

Sie war meinem Vater über dreißig Jahre lang in tiefer Hingabe verbunden gewesen und liebte ihn über alles. Bevor er mit 94 starb, war er dem Tod mehrere Male nahe gewesen. Als es dann endlich so weit war, war sie darauf gefasst. Sie kannte den Prozess, der im Tibetischen Totenbuch[*] beschrieben wird, und wollte die Seele meines Vaters unterstützen. Sie sprach mit ihm und führte ihn. Sie saß bei ihm, während seine Seele sich von seinem Körper löste.

Ich fühlte mich in Frieden mit meinem Vater. Der Groll, der sich während meiner Kindheit aufgebaut hatte, war durch die intensive therapeutische Arbeit befreit. Ich hatte meine Hausaufgaben gemacht und war dankbar für all das, was ich von ihm gelernt hatte. Ich empfinde immer noch große Wertschätzung für seinen Mut, solch ein außergewöhnliches Leben gelebt zu haben.

Die Osho-Kommune

Ich hatte Osho über Totalität sprechen hören, darüber, seine Wünsche total auszuleben. Nur wenn wir total waren, konnten wir uns davon befreien. Ich tat mein Bestes, das zu befolgen. Irgendwie gelang es mir, ein Problem aus meiner Leidenschaft für das Skifahren zu machen. Ich meinte, das sei eine Angewohnheit, die ich zu transzendieren hätte. Als Vertretungsarzt verdiente ich genug, um danach mindestens drei Monate lang Skifahren gehen zu können. An meinem Geburtstag am 10. Dezember 1981 reiste ich zu unserem Chalet in der Schweiz ab und blieb dort bis Ende März 1982. Ich kaufte mir ein Saisonticket und stand täglich von morgens bis abends auf den Skiern.

Das Chalet gehört allen acht Kindern meines Vaters. Zu der Zeit hatten alle meine Geschwister mehr als zwei eigene Kinder – mit Ausnahme von mir. Ich sah viele Familienmitglieder kommen und gehen, während ich in einer kleinen Kammer über dem Flur wohnte. Die meiste Zeit jedoch verbrachte ich alleine. Es lag sehr viel Schnee und ich konnte in herrlichem, unberührtem Pulverschnee Ski fahren. Es war der schönste Winter, an den ich mich erinnere.

Gegen Ende meines Aufenthalts wurde mir bewusst, dass mich das Skifahren nicht losgelassen hatte. Skifahren war eine Liebesgeschichte, mit der ich immer

---

[*] Sogyal Rinpoche, Das Tibetische Buch vom Leben und vom Sterben. Ein Schlüssel zum tieferen Verständnis von Leben und Tod, Bern, München, Wien 1993.

weiter leben konnte. Gesunde Angewohnheiten brauchen nicht transzendiert zu werden!

Einmal hatte ich Besuch von einer Freundin, die in Rajneeshstadt lebte, einer großen Osho-Kommune in der Nähe von Kassel. Da ich noch keine weiteren Pläne hatte, wollte ich diese Kommune besuchen.

Rajneeshstadt war ein großes Schloss. Es lag auf einem Hügel und war umgeben von schönstem Wald. Das Gebäude war zwar schon ziemlich heruntergekommen, aber das Geld für notwendige Renovierungen war knapp. Zwei Sannyasins hatten das Schloss gekauft und in kürzester Zeit lebten dort rund fünfzig Sannyasins. Als sie hörten, dass ich Arzt bin, schlugen sie mir vor, im Schloss eine Praxis zu eröffnen. Ich war sofort einverstanden.

Und so eröffnete ich in einem Flügel des Schlosses meine Praxis. Die Patienten, die von außerhalb kamen, mussten die Hemmschwelle überwinden, das Gelände von Rajneeshstadt mit all seinen Bewohnern in Rot und mit Mala zu betreten. Es war ein Wunder, dass die Praxis überhaupt lief. Aber die Gegend war für Ärzte nicht sehr attraktiv und so gab es für die sieben umliegenden Gemeinden nur drei Ärzte – und ich war einer davon. Jede dritte Woche hatte ich alleine Nacht- und Wochenenddienst. Die Patienten hatten keine Wahl und mussten wohl oder übel »diesen seltsamen, orangenen Mann« anrufen, den sie mit Argwohn beäugten. Bald jedoch haben sie gemerkt, dass sie bei mir mit Liebe und Respekt behandelt wurden, was im Allgemeinen in der Schulmedizin nicht sehr verbreitet ist. Und so wurde ich bald sehr beliebt – auch, weil ich alternative Methoden wie Akupunktur, Atemtherapie, Hypnose und psychisches Heilen anwendete. Dadurch zog ich Patienten an, die bereits überall gewesen waren und mich als ihre letzte Hoffnung sahen.

Das Schloss vibrierte vor Lebendigkeit. Wir boten eine große Auswahl an Kursen an, was viele Sucher aus Deutschland und ganz Europa anzog. Außerdem eröffneten wir noch andere Geschäftszweige wie ein Restaurant, eine Boutique, ein Therapiezentrum für individuelle Sitzungen und Gruppen, einen Verlag, eine Druckerei, eine Autowerkstatt, einen biologischen Gemüsegarten, eine Reitschule und eine Edelsteinschleiferei. Trotz dieser vielen Geschäfte waren wir oft knapp an Geld und es war manchmal schwierig, die mittlerweile über hundert Bewohner von Rajneeshstadt mit Essen zu versorgen.

Die Praxis war zwar eine regelmäßige Einnahmequelle, aber sie war auch eine Quelle für Machtkämpfe und Sorgen. Weil ich für die Praxis ein privates Darlehen aufgenommen hatte, wollte ich auch das Sagen haben. Ich bestritt mit den Einnahmen die Kosten für die Praxis und gab darüber hinaus alles an die Kommune ab. Eines Tages wurde ich zur Kommuneleitung gerufen. Sie wollte die volle finanzielle Kontrolle über die Praxis haben, war gleichzeitig jedoch nicht bereit, das Darlehen abzuzahlen. Als ich dies ablehnte, bekam ich Schwierigkeiten. Man warf mir Misstrauen vor und dass ich mich nicht voll auf die Gemeinschaft einlasse.

Unsere Kommunen in der Osho-Welt waren zu der Zeit Experimentierwerkstätten und alles wurde voll ausgelebt. Manchmal fühlte ich mich dabei wie bei einer Inquisition – natürlich ohne dass Gewalt angewandt wurde.

Ich stand innere Qualen aus und mein Verstand beschuldigte mich, dass ich mich nicht genügend unterordne und damit vielleicht Osho betrüge. In meinem Kopf standen all meine Ideale und Glaubenssätze Schlange, um mich der Reihe nach zu quälen. Und doch war mir angesichts des finanziellen Chaos der Kommune klar, dass ich die finanzielle Kontrolle über die Praxis behalten musste, um ihren Standard zu halten und sie vor dem Ruin zu bewahren. Ich blieb standhaft und führte die Praxis noch einige weitere Jahre. Zurückblickend kann ich sagen, dass ich in einem Missverständnis lebte: Der Machtkampf betraf die Unterordnung unter eine andere Person. Mich aber meiner eigenen Klarheit zu unterwerfen, war genau das Richtige, was ich tun konnte.

Das Schloss war ein attraktiver Ort für alleinerziehende Mütter. Weil ich einer der wenigen Singles und dazu noch Arzt war, war ich bei den Frauen sehr beliebt. Bei mir wurden sowohl ihre physischen als auch ihre emotionalen Beschwerden behandelt und ich hatte zahlreiche romantische Affären. Meine immer noch aufgestaute Sexualität konnte ich hier gut ausleben. Es war eine wunderbare Zeit, in der ich den weiblichen Körper und ihre Seele erforschen konnte. Jede Affäre hatte ihre Einzigartigkeit und Schönheit und ich bin dankbar, dass ich die Möglichkeit hatte, dies zu erfahren.

Eines Tages wurde ein Paar angekündigt, das vorhatte, einen Kinder-Ashram im Dorf unterhalb des Schlosses zu gründen. Als sie sich der Kommune vorstellten, sah ich Nura das erste Mal. Sie war eine blühende Schönheit im Alter von 25 Jahren. Bei ihrem Anblick schlug mein Herz höher. Ihre wunderbaren türkisblau-goldenen Augen waren umrahmt von langen Wimpern. Ihr bildhübsches Gesicht strahlte Wärme und Sanftheit aus. Ihre langen Locken umfingen ihren gertenschlanken und zarten Körper wie ein Schal aus dunklem Gold. Sie sprach mit großer Klarheit und ihre Stimme verriet Zartheit und Stärke zugleich. Nura hatte ihren zweieinhalb Jahre alten Sohn Bindu bei sich. Der hübsche Junge hatte die gleichen leuchtenden Augen wie seine Mutter.

Nura war die Frau meiner Träume – eine Prinzessin, eine Königin ... eine Göttin für mich –, und ich fühlte mich sofort unglaublich angezogen von ihr. Aber leider war sie mit einem anderen Mann zusammen. Eines Tages kam sie als Patientin in meine Praxis und mein Herz pochte. Ich verlor beinahe meine Professionalität während der Untersuchung. Später rief sie mich zu sich, als sie krank war, und ich eilte so schnell es ging zu ihr. Meine Versuche, eine Verabredung mit ihr zu bekommen, stellten sich jedoch als zwecklos heraus, denn sie blieb ihrem Partner treu.

1981 ging Osho in die Vereinigten Staaten und Anfang 1982 wurde klar, dass eine Kommune auf der Big Muddy Ranch nahe Antelope in Oregon aufgebaut werden sollte. Später nannten wir sie nur »die Ranch«. Ich wollte in der Nähe meines Meisters sein, steckte aber mit siebzigtausend Mark Schulden fest. In Rajneeshstadt konnten wir gerade so viel Geld aufbringen, um den meisten Kommunemitgliedern die Reise zur ersten Jahresfeier nach Oregon zu bezahlen.

In Amerika – es war mein erster Aufenthalt dort – sah ich Osho wieder und spürte in der Kommune den Pioniergeist der hart arbeitenden Sannyasins. Das verstärkte mein Gefühl des Gefangenseins in Deutschland noch zusätzlich. Mir war bereits langweilig mit meinen Patienten, denn die meisten wollten lediglich Medikamente verschrieben bekommen, statt nach der Ursache ihrer Krankheit zu suchen. Sowohl mit meiner Arbeit als auch mit der Kommune verband mich eine Art Hassliebe. Ich war gespalten und beklagte mich innerlich. Ich wollte reisen und frei sein, war aber gefangen im deutschen Gesundheitssystem, in den Regeln der Kommune und meinen eigenen spirituellen Idealen.

Zu jener Zeit war Margo Anand dabei, im Schloss eine Tantraschule zu eröffnen, und auch Kutira, eine Therapeutin aus der Schweiz, wollte dabei sein. Sie wurde zu einer wunderbaren Freundin und ich erhielt die Einladung, in ihren Gruppen zu assistieren. Diese Arbeit mochte ich sehr. Therapie wurde mir immer wichtiger und ich wollte selbst Therapeut werden. Kutira unterstützte mich bei meiner Bewerbung für das dreimonatige Counseling-Training in Oregon. Es sollte zwölftausend Mark kosten und ich fragte die Kommuneleitung nach finanzieller Unterstützung – vergebens. Um nach Oregon zu gehen, musste ich also woanders Geld auftreiben. Außerdem musste ich eine Praxisvertretung für meine Abwesenheit finden. Ich arbeitete sechs Wochen lang wie ein Besessener, auch nachts und an den Wochenenden. Im Juni 1983 hatte ich das Geld zusammen und eine Vertretung gefunden. Kurz danach saß ich mit Kutira und vielen anderen Kommunemitgliedern im Flieger, auf dem Weg zur zweiten Jahresfeier auf der Big Muddy Ranch. Wir blieben drei Monate lang.

Das Counseling-Training

Die Ranch befand sich auf ihrem Höhepunkt. Viele große Bauprojekte kamen zum Abschluss und der Ort sah langsam wie eine richtige Stadt aus. Für die zwanzigtausend Besucher wurden große Zeltstädte errichtet und überall herrschte Hochstimmung.

Das Counseling-Training leiteten Oshos führende Therapeuten. Es war kein eigentliches Training, in dem wir gelernt hätten, wie man mit Menschen arbeitet, sondern es waren drei Monate intensivste Selbsterfahrung. Wir hatten Bioenergetik, Primärtherapie, Sexuelle Dekonditionierung, Atemtherapie, Selbsterforschung, psychologische Entwicklung und etliche Encounter-Gruppen.

Noch nie hatte ich so wenig geschlafen und gleichzeitig so viel Energie in mir gespürt. Ich wohnte in einem A-Frame-Haus im Walt-Whitman-Hain, weit entfernt von Mandir, der Meditationshalle. Frühmorgens mussten wir zwanzig Minuten zur Busstation laufen, um einen der gelben Ranchbusse um halb sechs zur Dynamischen Meditation zu erreichen. Danach waren wir im Training und am Nachmittag halfen wir bei verschiedenen Arbeitsprojekten mit. Wir arbeiteten auf dem Bau, im Gemüseanbau, in der Landschaftsgärtnerei, auf der Hühnerfarm oder bei den Milchkühen. Vierzehn Stunden täglich setzten wir uns voll ein, beseelt davon, unser Shangri-La, unser Paradies, zu erbauen.

Und es war tatsächlich paradiesisch: Wo man hinsah – lächelnde Gesichter. Die fleißigen Sannyasins wirkten in der braunen Landschaft wie herrlich rote Mohnblumen. Nach den langen Arbeitstagen ging es zum Feiern in die immer brechend volle Diskothek. Die Liebe blühte und die wenigen Stunden der Nacht schienen zu kostbar, um sie schlafend zu verbringen. Diese Zeit war der Höhepunkt meiner romantischen Affären.

Oshos Präsenz wirkte Wunder und Tausende von Menschen arbeiteten enthusiastisch daran, das Paradies auf Erden zu erschaffen. Doch wurde niemand dafür bezahlt. Im Gegenteil: Die meisten von uns gaben gutes Geld für ihren Aufenthalt.

Osho schwieg zu dieser Zeit und verließ sein Zimmer nur für den täglichen Drive By. Immer etwa um halb vier Uhr nachmittags versammelte sich hierfür die ganze Kommune und rot gekleidete Sannyasins säumten mit Blumen und Instrumenten kilometerlang die Straßen. Während Osho langsam vorbeifuhr, explodierten wir alle in ekstatischem Singen und Tanzen. Er lächelte dabei wie ein Kind und winkte im Rhythmus der Musik. Wir feierten das Leben in diesem Moment.

Eines Abends in der Disco sah ich Nura wieder. Sie arbeitete im Sommer für drei Monate auf der Ranch. Sie hatte sich zwar von ihrem Partner getrennt, lehnte eine Verabredung mit mir aber weiterhin ab, da sie schon wieder in einer neuen Beziehung lebte.

Das Counseling-Training war wundervoll für mein Bedürfnis nach Ausdehnung, Experimentieren und Lernen und ich genoss es in vollen Zügen. Ich fühlte mich unterstützt und gesehen und war gerührt von der Liebe und Hingabe der Therapeuten. In den Encounter-Sitzungen habe ich mich aber auch vor ihnen gefürchtet. Ich bewunderte sie und wollte auch Therapeut werden. Wir waren über fünfzig Teilnehmer im Training und am Ende erhielten nur fünf Teilnehmer das Zertifikat als Osho-Counseler. Kutira und ich gehörten dazu.

Im Oktober 1983 kehrte ich nach Rajneeshstadt zurück. Die Kommune war wieder einmal in Geldnöten, weil das meiste Geld für die Reise auf die Ranch gebraucht worden war. Ich fühlte mich wie zurück im Gefängnis und hatte eine Abneigung gegen die tägliche Praxisroutine. Ich musste mich wieder an den Arbeitsdruck gewöhnen und stapelweise Papierkram erledigen, der während meiner Abwesenheit liegen geblieben war. Aber mit der Ausdauer, für die die Deutschen bekannt sind, biss ich mich durch, bis es wieder besser aussah. Das Leben in Rajneeshstadt war schön: Es gab viel Liebe, eine lebensbejahende Atmosphäre und Feiern. Wenn ich meine Patienten mit ihren Problemen sah, wurde es mir noch klarer, was für ein Glück wir hatten, in einer Kommune mit Freunden zu leben.

Nura – Die Liebe meines Lebens

Ende Oktober bekamen wir Besuch von Arup, die uns von den neusten Entwicklungen in Rajneeshpuram berichtete. Im Meeting saßen viele Leute aus ganz Deutschland. Ich sehnte mich nach der Ranch und nachdem Arup gegangen war, blieb ich lange Zeit stehen und weinte aus Dankbarkeit und Sehnsucht. Ich wollte wieder bei meinem Meister sein. Auf einmal spürte ich, wie mich zwei sanfte Arme umfassten. Ich schmolz in diese Arme hinein und weinte noch mehr. Jemand anderes hielt meine Beine auf Kniehöhe und als ich meine Augen öffnete, sah ich, wie der kleine Bindu meine Knie umarmte. Und als ich nach oben sah, erkannte ich Nura als meinen tröstenden Engel. »Willst du mit uns nach Hause kommen«, fragte Bindu, und ich antwortete: »Ja, das ist eine tolle Idee!« Wir gingen durch den dunklen Park, bis wir am Bauernhaus ankamen, in dem Nura und Bindu wohnten. An der Tür zögerte ich einen Moment, aber Bindu fragte mich, ob ich mit reinkommen möchte. Nura und ich lachten und ich sagte abermals: »Was für eine tolle Idee!«

Das war der Moment, der für uns beide so unerwartet gekommen war. Als wir uns das erste Mal liebten, sprangen Bindu und sein dreijähriger Freund Mahendra ins Zimmer und tanzten um das Bett herum. Von diesem Moment an hatte ich das Gefühl, dass er mich als seinen Vater angenommen hatte. Wahrscheinlich hatte er meine Liebe zu Nura wahrgenommen. Ich hatte das Gefühl, dass ich Nura seit vielen Leben kannte. Sie war mir vertrauter als meine eigene Familie. Wir sprachen darüber und erinnerten uns beide an viele Leben, in denen wir uns geliebt hatten, aber aus verschiedenen Gründen nicht zusammenlebten. Zum Beispiel erinnerte ich mich daran, ein Mönch gewesen zu sein und mich in sie, das Dorfmädchen, verliebt zu haben, aber nicht mit ihr zusammen sein zu können, weil ich ein Zölibatsgelübde abgelegt hatte.

Dieses Leben jedoch würde das sein, das wir zusammen verbrachten und so begann meine größte Liebegeschichte. Sie ging durch viele verschiedene, manchmal herausfordernde Stadien und ist nie zerbrochen. Heute sind wir Reisegefährten, die so viele Aspekte unserer Leben miteinander teilen. Unsere Beziehung wurde zu einer physischen, emotionalen und spirituellen Partnerschaft in Liebe und Meditation, für die ich unendlich dankbar bin.

Die ersten Schritte als Therapeut

In einer großen Kommune in Süddeutschland, Byen Land, dem späteren Purvodaya, wurde ein achttägiger Kurs mit einem bekannten Kursleiter angeboten. Aber ein paar Tage vor Beginn erkrankte der Therapeut und ich sollte ihn vertreten. So kam es, dass ich plötzlich meine erste Gruppe mit zweiundvierzig Teilnehmern leitete. Zu meiner Freude und Erleichterung kam Nura mit mir und unsere frische Liebe trug mich zu erstaunlicher Kreativität. Wir zitterten und stolperten von Tag zu Tag, aber der Kurs geriet zu einem wunderbaren Erfolg. Ich liebte die Arbeit und hatte meine Berufung gefunden, einen Beruf, der mich erfüllte, und dafür war ich dankbar.

Nach dem Sommerfestival 1984 in Oregon schlug Sheela, Oshos Sekretärin, vor, die Schlosskommune zu schließen. Wir sollten uns alle der Berliner Kommune anschließen. Ich hatte gerade Navanit, einen anderen Arzt, angestellt und konnte mich mehr meiner Kursleiterkarriere widmen. Wir waren gerade gemeinsam mit der Praxis ins Dorf Meinhard umgezogen, damit es die Dorfbewohner einfacher hatten, zu uns zu kommen. Das war meine Chance. Navanit wollte in Meinhard bleiben und die Praxis weiter betreiben und ich wollte sie loswerden, damit ich nach Oregon gehen konnte. Navanit übernahm meinen Kredit und ich war frei – ohne Schulden, aber auch ohne Geld.

Rajneeshstadt aufzulösen gestaltete sich für viele Freunde sehr schwer. Für mich jedoch war es die reinste Freude. Es war meine schönste Zeit, weil ich auf einmal mehr Lebensqualität hatte. Meine Praxis war verkauft und ich konnte die Schönheit des Platzes genießen. Wenige Tage nach unserer Rückkehr vom zweiten jährlichen Sommerfestival auf der Ranch gab es einen heftigen Sturm, der viele der schönen alten Bäume im Schlossgarten entwurzelte. Der Sturm hatte eine hundert Meter breite Schneise der Verwüstung durch den Wald geschlagen und war genau auf das Schloss getroffen. Ich habe wochenlang Holz gesägt und die Trümmer mit einem Bagger aufgesammelt. Der dreijährige Bindu saß oft in der Baggerschaufel und quietschte vor Vergnügen, wenn wir durch den Wald gefahren sind. Endlich hatte ich Zeit für Nura und ihn.

Kommunewechsel

Im Winter 1984 zogen wir in die Berliner Kommune ein. Der Umzug von einer ländlichen Umgebung mit großartiger Natur in die Großstadt war drastisch. Auf einmal teilten wir uns ein kleines Zimmer mit einem anderen Paar. Die Berliner Kommune betrieb eine erfolgreiche Diskothek und ein Therapiezentrum am schicken Kurfürstendamm. Anfänglich arbeitete ich in der Wäscherei und als Türsteher in der Disco, wurde dann aber schnell ins Therapeutenteam berufen.

Später wurde die internationale Sannyas-Therapieszene zentral geleitet und die Therapeuten rotierten und reisten von Kommune zu Kommune, um Gruppen zu leiten. Ich mochte das Reisen und die Arbeit sehr, aber Nura, die nicht mitkommen konnte, fehlte mir. Viele Therapeuten von der Ranch kamen nach Deutschland und ich übersetzte in ihren Kursen. Ich genoss es, völlig leer zu werden und die Worte durch mich hindurch fließen zu lassen. Während des Übersetzens verlor ich zeitweise meine Identität und nahm die Gefühle und das Verhalten des jeweiligen Therapeuten an, für den ich übersetzte. Bald schnappte ich seine oder ihre Gedanken auf, noch bevor sie ausgesprochen waren und manchmal konnte ich unvollständige Sätze vervollständigen.

Dann wurde ich für vier Wochen in die Züricher Kommune geschickt. Das war sehr weit weg von Berlin und meiner Geliebten, aber in der Nähe der Alpen. Morgens konnte ich fast immer die schneebedeckten Berge sehen und meine Sehnsucht nach Bergsteigen und Skifahren quälte mich. Als Kommunemitglied hatte ich kaum freie Zeit und fast kein Geld, da wir nur Verpflegung, Unterkunft und Reisekosten erhielten.

Eines Nachts fand ich heraus, dass der Kurs am Wochenende abgesagt worden war. Ich lieh mir etwas Geld und nahm den Zug nach Davos. Mitten in der Nacht stieg ich durch den tiefen Schnee zu unserem Chalet hinauf, wo sich zu der Zeit meine Mutter und einige andere Familienmitglieder aufhielten. Sie staunten nicht schlecht, als ein rot gekleideter Geist in Cowboystiefeln nachts in den Bergen auftauchte. Ich verbrachte ein wunderbares Skiwochenende. Bei meiner Rückkehr erfuhr ich, dass Nura und ich in die Kölner Kommune ziehen würden. Ich sollte sofort nach Köln reisen, um Nura dort zu treffen. Bindu kam in die Medina-Kommune in England, zusammen mit vielen anderen Sannyaskindern aus ganz Europa.

Weibliche Koordinatorinnen, die sogenannten »Moms«, die von Sheela eingesetzt worden waren, leiteten die Kommunen. Das Osho UTA Institut war eine der größten Kommunen in Deutschland. Dazu gehörten zwei Diskotheken, ein Restaurant, einige Geschäfte, ein Reisebüro und ein großes Therapiezentrum. Dort nahm meine Therapeutenkarriere ihren Aufschwung. Ich genoss die Arbeit und die Verbindung mit den Ranchtherapeuten, aber die Stadt gefiel mir nicht. Außerdem vermissten Nura und ich unseren Bindu.

Das Sommerfestival 1985 auf der Ranch war merkwürdig. Es war eine Mischung aus Freude, Osho und all die alten Freunde wieder zu sehen, gepaart mit einem befremdlichen Gefühl der Paranoia. Oshos Sekretärin Sheela hielt Meetings mit der Kommune ab, als wolle sie uns vom Rest der Welt trennen. Es ging die Angst um, dass uns die amerikanische Nationalgarde angreifen wolle. Sheela hatte Hunderte von Obdachlosen eingeladen, in Rajneeshpuram zu leben, um ihre Wählerstimmen zu bekommen. Es lag etwas Verbrecherisches in der Luft. Oshos Leibarzt Amrito wurde in der Mandirhalle vergiftet, während wir am Master´s Day dort mit Osho saßen. Er wurde in ein nahe gelegenes Krankenhaus geflogen. Später stellte sich heraus, dass ihm einer von Sheelas Komplizen das Gift injiziert hatte. Sheela war es ein Dorn im Auge, dass er Osho so nahe war.

Ich verbrachte sechs Wochen als Therapeut in Rajneeshpuram, aber Nura musste schon eher nach Deutschland zurückkehren. Die »Moms« schienen gegen Liebesbeziehungen zu sein und so wurden Liebespaare oft räumlich getrennt.

Kurz nach meiner Rückkehr nach Köln wurde Nura gebeten, die Kommune zu verlassen. Ihr wurde vorgeworfen, sich nicht genügend einzulassen, ihre Beziehung über ihre Arbeit zu stellen und »negativ« zu sein, was hieß, nicht zu allen Anweisungen Beifall zu klatschen. Die Kommuneleiter sagten, dass Negativität Oshos Leben gefährde.

Nura war am Boden zerstört. Ihre Liebe für Osho stand für sie an erster Stelle. Ihr Verstand sagte, dass sie eine Sünderin und seiner Liebe nicht wert sei. Sie reiste nach England, um Bindu abzuholen und zog in eine Wohnung in der Nähe des Therapieinstitutes in Köln. Bald fühlte ich mich zerrissen zwischen meiner Familie und der Kommune und ich beschloss auszuziehen, um mit Nura und Bindu zusammen zu sein.

Nur drei Tage später wurde Sheela als Kriminelle entlarvt. Sie verließ die Ranch mit Millionen von Dollars, die für den Ausbau der Kommune bestimmt gewesen waren. Einige Monate später wurde Osho unter falschen Anschuldigungen festgenommen und in ein Gefängnis in Oklahoma gesperrt und dann nach Indien deportiert. Wir fanden erst viel später heraus, dass er im Gefängnis vergiftet worden war. Kurz danach schloss das Paradies in Oregon und das Land wurde verkauft.

Nach diesen Ereignissen wurde mir klar, dass das nicht das Ende der Welt war. Ich war auf der Suche nach etwas Innerem und nicht nach etwas Äußerem. Ich hatte das Gefühl, dass Osho mich bereits mehr gesegnet hatte, als ich mir je hätte träumen lassen. Er lebte und wartete bestimmt noch mit einer weiteren Überraschung auf!

Wieder auf uns alleine gestellt

Das war das Ende eines Kommunedaseins, in dem wir die Entscheidungen über unser Leben an andere, die Kommuneleiter, abgegeben hatten. Das hatte dem Machtmissbrauch Tür und Tor geöffnet. Ich hatte unendlich viel gelernt und ich glaube, das Thema Macht war dabei das Wichtigste. Wenn ich den Zeitabschnitt von meinem Einzug in Rajneeshstadt bis zum Ende der Ranch betrachte, dann kann ich verstehen, dass die Bereitwilligkeit, sich blind führen zu lassen, den Faschismus hervorgebracht hat. Dies war eine unendlich wertvolle Lektion.

Osho hatte sein Schweigen einige Wochen vor Sheelas Entlarvung gebrochen. In fast jedem Diskurs hatte er über Macht und Machtmissbrauch gesprochen, während dieser direkt vor unserer Nase geschah. Wer jedoch nicht in der Nähe der Kommuneleiter arbeitete, hatte mit Ausnahme von ein paar Machtkämpfen kaum etwas davon mitbekommen. Wir waren alle zu beschäftigt gewesen, eine gute Zeit zu haben.

Nura, Bindu und ich konnten nun frei entscheiden, was wir tun wollten. Obwohl wir kein Geld hatten, gefiel uns das sehr gut. Nura begann, Rosen in den besten Restaurants Kölns zu verkaufen. Sie sah umwerfend aus in ihrem langen, roten Mantel, im Arm einen Korb feinster Baccara-Rosen. Sie versah die Stängel sorgfältig mit kleinen Wasserröhrchen, damit die Blumen frisch blieben. Manchmal verkauften sich nicht alle Rosen und es passierte ihr auf dem Heimweg, dass ihr jemand den ganzen Rest abkaufte. Sie verdiente gut als Rosenverkäuferin.

Ich gab in unserem Zimmer Sitzungen. Von unserem ersten verdienten Geld kauften wir eine elektrische Schreibmaschine und schrieben darauf unser erstes Kursprogramm. Wir hatten vor, ein Abenteuer- und Selbsterfahrungsretreat in den Bergen anzubieten und waren bereit für den Neuanfang. Aus meinen Kursen in Köln hatte ich einen guten Ruf und die Abenteuertour wurde gut gebucht. Wir kauften uns ein altes Auto und machten uns voller Vorfreude auf den Weg in die Alpen. Der Kurs wurde intensiv und sehr schön.

Ermutigt von unserem Erfolg, planten wir vier Wochen Skifahren und Meditation in Österreich. Damit verdienten wir genügend Geld, um drei Monate auf Hawaii bei unserer Freundin Kutira zu verbringen. Dort hatten wir Zeit und Muße, um eine neue Vision für unser Leben zu entwerfen, zu Surfen und auszuruhen. Eines Tages saßen wir in einem Whirlpool mit Blick über die steilen Klippen und das Meer. Hier wurde unsere Idee geboren, Trekking- und Meditationstouren nach Nepal und Segel- und Meditationstouren nach Griechenland zu organisieren. Inzwischen war Osho in Nepal angekommen und begann von dort aus seine unfreiwillige Welttournee.

Osho in Griechenland

Eines Tages erreichte uns ein Anruf, dass Osho in wenigen Tagen auf Kreta landen würde. Die griechische Regierung hatte ihm ein dreiwöchiges Touristenvisum ausgestellt. Sofort buchten wir einen Flug und kamen in Agios Nikolaios auf Kreta an – nur zwei Tage nach Oshos Ankunft.

Der Meister lebte auf einem Hügel in einem schönen mediterranen Haus über dem Meer. Er gab morgens und abends Diskurse unter freiem Himmel, im Schatten eines Maulbeerbaumes. Nur etwa hundert Sannyasins fanden ihren Weg nach Griechenland. In einer Vision sah ich, wie Sokrates im alten Griechenland lehrte. Die Zikaden sangen ihre Hymnen, die Morgenbrise streichelte unsere Haut und bewegte Oshos langen Bart. Vor und nach seinen Diskursen lud uns herrliche Musik zum Tanzen ein. Ich war überglücklich und dankbar, ihn wieder zu sehen. In der Nähe des Meisters zu sein war seit meinem ersten Treffen mit Osho meine tiefste Sehnsucht gewesen. Er war wie ein Magnet, der mich anzog, und mein Verstand kam nicht mit. Etwas in meinem Herzen hüpfte und fühlte sich zu Hause und ich wollte nirgendwo anders sein als in seiner Nähe.

Wir verbrachten eine wunderbare Woche, saßen zu Füßen unseres Meisters, entspannten und trafen Freunde. Eines Tages gingen wir auf eine Exkursion an die Ostspitze von Kreta. Als wir zurückkehrten, hörten wir das Unmögliche: Osho war verhaftet worden, sein Visum wurde annulliert und er musste noch am selben Abend nach Athen fliegen. Das war der Beginn seiner langen Reise um die Welt, auf der ihm einundzwanzig Länder ein Visum verweigerten*.

Zurück in Deutschland gaben wir in verschiedenen Therapiezentren Kurse und führten unsere Abenteuertouren mit Skifahren und Meditation im Winter fort. Im Januar 1987 wollten wir an einem Hypnosetraining mit Santosh in Kalifornien teilnehmen. Als wir unseren Flug buchten, trafen wir unseren Freund Wadud. Er erzählte uns, dass Osho zurück in Pune war und dass der Ashram bald wieder eröffnet werde. Da haben wir sofort Kalifornien gegen Pune eingetauscht.

Unsere finanzielle Situation war interessant. Bindu war in der Ko Hsuan School in England, einer Schule, die von Oshos Vision inspiriert war. Wir wollten mindestens sechs Monate in Pune bleiben und am dreimonatigen Rebalancing-Training teilnehmen. Unser Geld reichte aber nur für ein Semester von Bindu und einen Monat Aufenthalt in Pune. Während meiner Arbeit als Arzt hatte ich in eine Pensionskasse eingezahlt. Diese löste ich auf und damit hatten wir das Geld für sechs Monate Indien, das Training und ein weiteres Schuljahr für Bindu. So reisten wir ab nach Indien.

Zurück in Pune

Als ich gerade dabei war, mich für das Rebalancing-Training einzuschreiben, traf ich Turiya, eine wundervolle und erfahrene Osho-Therapeutin, die eine meiner Trainerinnen auf der Ranch gewesen war. Sie lud mich ein, Kursleiter am Zentrum für Transformation zu sein. Diese Idee gefiel mir und ich sagte zu. Ich fühlte mich geschmeichelt und fand es großartig, gebraucht zu werden.

Ich begann Kurse in Encounter, Sufi-Methoden, Atemtherapie, Primärtherapie, Sexueller Dekonditionierung sowie zu Themen zu Leben und Tod zu leiten. Ich assistierte auch bei den Trainings von Turiya, Sagarpriya, Waduda, Wadud und

---

* Die genauen Begebenheiten können in Maneeshas Buch nachgelesen werden: Juliet Forman, Bhagwan – One Man Against the Whole Ugly Past of Humanity. The World Tour and Back Home to Poona, Cologne 1991.

vielen anderen. Später lud mich Sagarpriya ein, zusammen mit ihr Co-Leiter im Counseling-Training für Fortgeschrittene zu sein. Ich fand ihre Arbeit wunderbar und war fasziniert von ihrer Klarheit und ihren medialen Fähigkeiten.

Unser Geld ging langsam zur Neige und wir hatten keine Ahnung, wie wir Bindus nächstes Schuljahr und unseren nächsten Pune-Aufenthalt finanzieren würden. Die wenigen in Europa geplanten Kurse konnten unseren finanziellen Bedarf nicht decken.

In einem Tanztraining hatten wir eine emotionale Klärungssitzung. Einer der Teilnehmer war ein bekannter schwedischer Psychotherapeut, Bengt Stern. Er betrieb eines der ersten Persönlichkeitsentwicklungsinstitute in Schweden, das Mullingstorp-Institut. Bengt hatte einen Fünf-Tage-Crashkurs entwickelt und nannte ihn »Triff dich selbst«. Der Kurs hatte bereits viele Skandinavier transformiert. Bengt mochte meine Art zu arbeiten und lud mich nach Schweden ein. Dort sollte ich einen Primärkurs und einen Tantrakurs mit Sexueller Dekonditionierung leiten. Unsere finanzielle Situation schien sich gut zu entwickeln. Später integrierte Bengt meine beiden Kurse als Teil 2 und 3 in seinen »Triff dich selbst«-Kurs.

Ich erinnere mich noch gut daran, wie Nura, Bindu und ich das erste Mal in unserem alten Audi 80 nach Schweden fuhren. Unser Geld reichte gerade noch für das Benzin und die Campingplatzgebühren. Unterwegs besuchten wir das Legoland und den Zoo in Kolmarden und gaben unser letztes Kleingeld dafür aus. Nicht einmal für Eis und Limonade für Bindu reichte es noch.

Beim ersten Primärkurs in Mullingstorp hatten wir 24 Teilnehmer und auf einmal auch wieder Geld. Es war genug für ein weiteres Schuljahr von Bindu und einen längeren Aufenthalt in Pune für Nura und mich. Auf dem Heimweg haben wir Bindu mit viel Eiscreme und Limonade verwöhnt. Was für ein Genuss!

Als Gruppenleiter erhielt ich viel Aufmerksamkeit und manche Teilnehmer belegten mich mit den wildesten positiven Projektionen, die das Ego gerne glauben wollte. Tief drinnen wusste ich, dass das, was die Leute in mir sahen und das, was ich selbst in mir sah, zweierlei Paar Schuhe waren. Ich war noch immer nicht frei. In den Kursen erfuhr ich Glückseligkeit, Stille und Verbundenheit und ich entdeckte, dass ich witzig, klar und direkt sein konnte. Ich war verliebt in die Wahrheit.

Im Februar 1988 stellte ich Osho dazu eine Frage. Die Antwort erschien in voller Länge in seinem Buch »Om Shantih Shantih Shantih«.[*] Hier ist eine gekürzte Fassung:

Geliebter Meister, ist der ›unpersönliche Zustand‹ eines Gruppenleiters vergleichbar mit Meditation oder betrüge ich mich da selbst, weil ich mir meine eigenen Probleme nicht anschauen muss, während ich eine Gruppe leite? Mag ich das Gruppenleiten

---

[*] Osho, Om Shantih Shantih Shantih. The Soundless Sound Peace, Peace, Peace, Köln 1989.

so sehr, weil es mir die Möglichkeit zu meditieren gibt, oder bin ich einfach süchtig nach der ›Gruppenenergie‹?

Wenn du dich um die Probleme anderer Leute kümmerst, vergisst du deine eigenen Probleme. Und das Vergessen deiner eigenen Probleme schafft einen gewissen Frieden. Wenn du aber alleine bist und meditierst, dann ist das sehr schwierig, denn wie könntest du deine eigenen Probleme vergessen? Auch wenn du deine Augen schließt, stehen sie immer noch Schlange.

Das erinnert mich an eine bekannte Geschichte. Ein Hund wurde erleuchtet. Er war sehr wortgewandt. Er ging in der Stadt herum und erzählte jedem Hund: ›Dein einziges Problem ist, dass du unnötigerweise immer weiter bellst. Das Bellen ist eine Krankheit, die deine Erleuchtung verhindert. Schau mich an: Ich belle nie.‹

Von früh bis spät ging er um und lehrte alle Hunde, dass sie nicht bellen sollen, bis sie akzeptierten, dass er erleuchtet ist und deshalb Recht hat. Sie schämten sich, weil sie einfach nicht aufhören konnten zu bellen. Wann immer ein Hund jemanden in einer Uniform sieht, kann er dem Bellen nicht widerstehen. Er scheint die Freiheit zu lieben und diese Uniform repräsentiert Sklaverei. Unter den Hunden scheint diese Philosophie verbreitet zu sein, weil sie so viel bellen, obwohl sie vom Bellen müde werden.

Weil die Hunde nicht aufhören konnten zu bellen, mussten sie akzeptieren, dass der nicht-bellende Hund erleuchtet war. Er war der Buddha der Hunde. Alle sagten: ›Wir sind stolz, dass du als einer von uns geboren wurdest, wir werden dich anbeten. Wir werden unseren Kindern von der goldenen Zeit berichten, in der du gelebt hast. Aber vergib uns, wir versuchen unser Bestes, nicht zu bellen. Aber je mehr wir versuchen, nicht zu bellen, desto stärker ist der Drang.‹

Der Vollmond nahte, und das ist die Zeit, in der Hunde den Mond anbellen. Niemand weiß, weshalb. Und weil wir ihre Sprache nicht verstehen, nennen wir es Bellen. Wer weiß, vielleicht rezitieren die Hunde ja auch Gedichte und preisen den Mond. Vielleicht ist ihr Bellen ihre Art von Gebet.

Alle Hunde beschlossen, dass es nun genug sei, ständig verurteilt zu werden. ›Dieser erleuchtete Hund geht zu weit. Wenn du bellst, taucht er plötzlich auf. Er versteckt sich und beobachtet uns ständig. In dieser Vollmondnacht versprechen wir uns, dass wir nicht bellen, auch wenn wir dabei umkommen. Wir halten unsere Augen geschlossen, damit wir den Mond gar nicht sehen!‹

Der Buddha-Hund ging in der Stadt umher. Eine Vollmondnacht war die beste Zeit für seine Predigt. Aber alle Hunde waren in dunklen Ecken verschwunden. Sie waren sich ihrer Schwäche bewusst und hatten beschlossen, dass es besser sei, sich in die Dunkelheit hinter die Häuser zu legen, denn sie dachten sich, wenn sie den Mond sehen – Versprechen hin oder her – dann können sie dem Bellen vielleicht doch nicht widerstehen.

Es herrschte eine nie dagewesene Stille. Der Buddha-Hund war richtig besorgt. ›Was ist bloß geschehen – sind etwa alle Hunde gestorben?‹ Der Mond stieg höher und er ver-

suchte immer noch, die anderen Hunde zu finden, weil er sie immer gerne belehrte. Er hatte keine Zeit, in den Himmel zu schauen. Und plötzlich sah er den Mond. Der ganze Himmel stürzte auf ihn ein und er begann zu bellen wie noch nie zuvor.

Und da kamen aus allen Ecken die anderen Hunde hervor. Sie umringten ihn und fragten: ›Was ist passiert?‹ An diesem Tag erkannte er, dass er vor lauter Lehren keine Zeit zum Bellen gehabt hatte. Denn du kannst nicht beides gleichzeitig tun: Bellen und Sprechen. Er schämte sich sehr, weil er vom hohen Ross gefallen war.

Die Geschichte ist sehr bedeutsam. Wenn du alleine nicht still sein kannst, dann ist deine Stille, während du eine Gruppe leitest, lediglich eine Vermeidung deines inneren Lärms. Du konzentrierst dich auf die Probleme anderer Leute und du selbst versteckst dich dahinter.

Stille ist nur authentisch, wenn du allein bist und kein Gedanke in dir aufsteigt. Das sollte eine Lehre für dich sein. Sei immer meditativer, weil dies das einzige Kriterium ist. Wenn du die Stille erlangt hast, dann hast du das Recht, anderen zu sagen, sie sollen still sein. Wenn du deine eigenen Probleme gelöst hast, dann bist du in der Lage, denen zu helfen, die nicht wissen, wie sie aus dem Durcheinander herauskommen können, in das sie ihr Leben verwandelt haben.

Ich saß auf einem der vordersten Plätze in der Buddha-Halle und fühlte extreme Hitze an einem kühlen Wintertag. Ich verneigte mich vor dem mitfühlenden Hieb des Meisters. Nach dem Diskurs kamen mehrere befreundete Therapeuten zu mir und sagten mir, dass sie das Gefühl hatten, dass Osho auch zu ihnen gesprochen habe.

Nura erlernte zu der Zeit die Craniosacrale Körperarbeit und wir nahmen beide an zwei langen Trainings in Hypnose und Neurolinguistischem Programmieren (NLP) teil.

Osho verlässt den Körper

Zweimal pro Jahr reisten wir nach Schweden und arbeiteten in Bengt Sterns Institut in der Nähe von Norrköping. Diese Aufenthalte und einige andere Kurse, die ich in verschiedenen Teilen Europas hielt, bescherten uns ein ausreichendes Einkommen für Bindus Schule und ein bescheidenes Leben in Pune. Im Januar 1990 brachten wir Tantra und Sexuelle Dekonditionierung nach Schweden.

Nach dem zweiten Kurstag standen Nura und ich unter der Dusche. Auf einmal kam alles zum Stillstand und die Dusche füllte sich mit strahlendem Licht. Unabhängig voneinander hatten wir beide das Gefühl, dass Osho im Raum anwesend war. Es war sehr still und einen zeitlosen Moment lang ruhten wir in seiner Präsenz. Wir weinten beide vor Freude und Dankbarkeit und weil die Gruppe so gut lief.

Am nächsten Morgen kam Bengt zu spät zum Kurs. Als er hereinkam, merkte ich sofort, dass etwas Tiefgreifendes geschehen war. Er sagte: »Ich habe soeben einen Telefonanruf erhalten – Osho hat gestern seinen Körper verlassen!« Wir schauten einander ungläubig an und es war, als ob die ganze Welt zum Stillstand kam. Nura und ich legten meditative Musik aus Pune auf und luden alle ein, das auszudrücken, was diese Nachricht in ihnen auslöste. Ich saß an der Wand und weinte mir die Augen aus. Wellen von Gefühlen – alle Emotionen verwoben als eine – strömten durch mich hindurch. Ich sah, dass Osho jede Faser in mir berührt hatte. Osho war mein Leben, und plötzlich war diese Form verschwunden – es war wie Sterben. Ich war gleichzeitig tieftraurig, glücklich und dankbar. Der Morgen verging wie im Flug, die Zeit hatte sich aufgelöst und ich fühlte mich seltsam bereichert.

Im Laufe der Zeit erfuhren wir, dass jeder der vierundzwanzig Teilnehmer dieser Gruppe später Sannyas genommen hat.

Die Mysterienschule

Nachdem ich einige Jahre als Therapeut im Zentrum für Transformation verbracht hatte, wurde ich zu einem Besuch bei Kaveesha eingeladen. Sie war eine weise Frau, die die Mysterienschule im Ashram ins Leben gerufen hatte, und lud mich ein, Teil ihrer Schule zu werden. Als bodenständiger Therapeut hatte ich ein paar Urteile über die esoterischen Dinge, die in der Mysterienschule vermittelt wurden. Esoterische Wissenschaften, Erforschung vergangener Leben, metaphysische Lesungen und Channeling waren die Fächer, die man dort in Sitzungen und Gruppen lehrte. Ich hatte meine eigenen Ansichten darüber, speziell zu den Sitzungen. Mir war die Gefahr bewusst, dass der Therapeut sein eigenes Unterbewusstsein nach außen projizieren kann, und ich wollte sehr vorsichtig sein. Wir neigen dazu, jemand anderem mehr zu glauben als uns selbst. Ich wollte niemandem etwas auferlegen, sondern lieber einen Weg finden, wie der Klient es für sich selbst herausfinden kann.

Wadud, einer der führenden Therapeuten der Mysterienschule, hatte einen Kurs entworfen, den er »Machtspiele durchtrennen« nannte. Er hatte in der Kommune auf der Ranch gearbeitet und den Aufstieg und Fall des Sheela-Regimes und unsere Verstrickung damit beobachtet. Der Kurs wurde ein Renner und umgangssprachlich »Die Powergruppe« genannt. Sie war in aller Munde. Auch Nura und ich nahmen daran teil und konnten sie nur wärmstens empfehlen. Sie veränderte meine Sicht dramatisch. Ich erkannte, dass Vergleichen, Konkurrenz, Schuld und andere Machtspiele, die mir selbst so peinlich waren, eine universelle menschliche Krankheit waren, die durchdrungen und verstanden werden musste. Ich erfuhr, dass alle Urteile im Prinzip mir selbst galten und ich mich mit jedem Urteil weiter selbst verletzte.

Eckhart Tolle verwendet in seinem Buch »Jetzt«[*] den Ausdruck »Schmerzkörper«. Ich erlebte die Hölle dieses individuellen und kollektiven Schmerzkörpers. Er besteht aus vergangenen und festgefahrenen Energiemustern. Ich war gleichzeitig das Opfer und der Tyrann, der Mörder und der Ermordete, der Vergewaltiger und der Vergewaltigte, der Dominante und der Dominierte – alles. Diese Erkenntnisse stürzten mich in beinahe unerträgliche Verzweiflung und Schmerzen. Aber mit der liebevollen Unterstützung von Wadud und seinem Team konnte ich da hindurchgehen und ich erfuhr die Glückseligkeit eines Satori, die tagelang anhielt. Ein Satori ist ein Zustand von Präsenz, Klarheit, Freiheit und Liebe – ein flüchtiger Blick auf die Erleuchtung.

Die Gruppe war ein sehr präziser Prozess, der mit solch beeindruckendem Können entworfen worden war, dass ich nur staunen konnte. Ich änderte meine Einstellung zur Mysterienschule und brannte förmlich darauf, ein Teil davon zu werden.

Im Zentrum für Transformation hatte ich alleine mit einem Assistenten gearbeitet. In der Mysterienschule war Kaveesha mit ihrem großen Wissen der Kopf oder vielmehr das Herz des Ganzen und sie unterstützte uns. Wadud, der verrückte Wissenschaftler, entwickelte brillante Prozesse, die dem Bedürfnis der Zeit entsprachen. Er war ein großartiger Lehrer, ein Mann voller Liebe und Klarheit, und er konnte die Leute, die mit ihm arbeiteten, brillant unterstützen und spiegeln. Waduda, eine andere Therapeutin, war eine wunderbare, mitfühlende Frau, die wie eine Schwester für mich war. Es gab den mystischen Ring – eine Gruppe von Freunden, die sich gegenseitig bei der Erforschung, der Arbeit und dem Wachstum unterstützten. Kaveesha lud Nura und mich ein, Teil dieses mystischen Rings zu werden.

Später zog Kaveesha zurück in die USA und gründete dort mit ihren Freunden die Osho-Akademie in Sedona. Nachdem Kaveesha gegangen war, wurde Wadud zum Kopf der Mysterienschule. Er trainierte mich und lud mich bald ein, die »Powergruppe« zu leiten. Ich war Wadud sehr dankbar für seine Unterstützung. Er sah nicht nur meine Ambitionen und meine Gier, sondern auch mein Potenzial. Ich selbst empfand mich als zu ambitioniert und egoistisch, aber wann immer ich etwas tun wollte, hatte ich die Unterstützung von Wadud. Ich konnte kaum fassen, dass dies möglich war. Ich fühlte mich entgegen meiner eigenen Urteile gesehen und bestätigt. Es lief darauf hinaus, dass ich beinahe alle Gruppen in der Mysterienschule leitete: die Prozesse zu Angst, Co-Abhängigkeit, Macht, Schuld, Minderwertigkeit, Herz, Tod und auch ein Training, das »Jenseits von Psychologie« genannt wurde. Als Therapeut war ich der Überflieger.

---

[*] Eckhart Tolle, Jetzt! Die Kraft der Gegenwart, Bielfeld 2010.

Der Tod meiner Mutter

Im Frühjahr 1991 erhielt ich einen besorgniserregenden Brief von meiner Mutter aus Griechenland. Sie schrieb, dass sie ihre Arbeit als Touristenführerin zwar genieße, aber alleine in ihrem leeren Häuschen depressiv werde und keinen Schlaf finde.

Die zehn Jahre nach dem Tod meines Vaters hatte sie sehr genossen. Zweimal begleitete sie uns nach Pune und war begeistert davon. In Korfu wurde sie hoch geschätzt und die Griechen liebten sie. Sie hatte immer ein liebevolles Wort der Aufmunterung für jeden übrig und war voller Humor. Ihr intellektuelles Interesse war unstillbar. Nachdem sie die griechische Geschichte studiert hatte, begann sie, Russisch zu lernen. Sie führte archäologische Touren durch, sprach dabei fünf Sprachen gleichzeitig und unterhielt die Touristen mit ihrem Witz. Niemand konnte sich auch nur im Geringsten vorstellen, dass meine Mutter an Depressionen litt.

Nura und ich reisten zu ihrer Unterstützung nach Griechenland. Wir gaben ihr Sitzungen, führten sie in Meditation und Entspannung ein. Sie ging dabei sehr tief und wir hatten beide das Gefühl, dass etwas sehr Schönes mit ihr geschah. Jedes Mal, wenn sie in der Craniosacralen Körperarbeit in die Tiefenentspannung ging, wollte sie gar nicht zurückkehren, sondern lieber loslassen und sterben. Auch litt sie weiterhin an Schlafstörungen und sprach wiederholt davon, dass sie sterben wolle. Wir bereiteten alles vor, damit sie mit uns in Pune leben konnte. »Komm mit uns nach Pune, dort wirst du auf andere Weise sterben«, sagten wir zu ihr. »Dein Ego wird in der Meditation sterben.« Sie gab ihre Arbeit in Griechenland auf, schloss das Haus ab und zog zur Familie meines Bruders nach Deutschland. Dort wollte sie sich die Zähne machen lassen und sich auf Indien vorbereiten.

Nura und ich reisten zu jener Zeit durch Europa und gaben Kurse. Meine Mutter hörte sich am Telefon manchmal sehr seltsam an, geradezu panisch. Und sie sagte immer wieder: »Mit meinem Kopf stimmt etwas nicht.« Mein Bruder brachte sie zum Arzt, der die Diagnose Altersdepression stellte und ihr Medikamente verschrieb. Sie machte sich große Sorgen, dass sie zur finanziellen Last für uns werde. Wir entgegneten jedoch, dass das nie so sein würde.

Ich war dabei, einen weiteren Kurs zu organisieren, der ihren Aufenthalt in Pune finanzieren sollte. Sechs Tage vor unserer Abreise füllte sich unser Kurs in Norwegen, der uns genug Geld brachte für unsere nächsten sechs Monate in Pune – diesmal zu Dritt. Der Kurs nannte sich »Die Kunst zu sterben« und sollte das Phänomen des Todes erforschen: unsere Ängste, loszulassen, unser Bestreben, zu kontrollieren und den Mut, dem Unausweichlichen gegenüberzutreten. Am ersten Abend erhielt ich einen Telefonanruf von meinem Bruder: Meine Mutter hatte sich erhängt. Was für ein Schock! Was für eine unglaubliche Lehre! Ich mit meinen ganzen Fähigkeiten war nicht in der Lage gewesen, meine geliebte Mutter zu retten. Ich war am Boden zerstört, aber ich konnte es mir nicht leisten, in ein Loch zu fallen. Ich beschloss, mit dem Kurs fortzufahren. Wir erforschten den Tod und unsere Anhaftungen jeden Tag aufs Neue. Wir verwendeten die Realität des Todes, um herauszufinden, was wirklich zählt. Nach dem Telefonat mit meinem Bruder war das nicht nur eine Vorstellung, sondern eine Realität. »Die Kunst zu sterben« war die intensivste Gruppe, die ich je geleitet hatte. Manche Teilnehmer sagten später, dass sie fast den Eindruck hatten, ich hätte den Tod meiner Mutter erfunden, damit sie mit etwas Realem konfrontiert würden. Aber meine Trauer war echt. Ich machte mir Vorwürfe, dass ich nicht alles stehen und liegen gelassen hatte, um bei ihr zu bleiben. Mir blieb nur, alle Aspekte meiner Trauer in den Kurs zu integrieren, während ich ihn leitete. Er wurde zu einem tiefgreifenden Prozess.

Der Tod meiner Mutter hatte meine Identifikation mit dem Helfer in mir auf radikale Weise ausgelöscht: meine Annahme, dass ich jemandem helfen oder ihn retten könnte. Mit diesem schrecklichen und gleichzeitig wunderbaren Hieb zerstörte die Existenz meine Arroganz.

Äußerlich ging mein Leben wie gewohnt weiter, aber im Inneren starb etwas. Ich brauchte viele Jahre, um den Tod meiner Mutter zu verarbeiten. Und ich brauchte noch viele weitere Jahre, um zu erkennen, dass sogar das ein großes Geschenk der Existenz gewesen war.

Die Leitung der Mysterienschule

Nura und ich wussten, dass wir nicht für immer in Pune bleiben konnten und einen neuen Platz für uns finden mussten. Diesen Platz, wo wir künftig leben wollten, galt es nun herauszufinden. Da wir auf der ganzen Welt Kurse veranstalteten, konnten wir uns beinahe überall niederlassen.

Im April 1994 besuchten wir Byron Bay an der Ostküste Australiens. Nördlich von Byron Bay hatten ein paar gute Freunde ein großes Stück Land gekauft mit der Absicht, dort eine Osho Community zu schaffen. Sie zeigten uns Mevlana, wie sie das Land nannten, und wir verliebten uns auf der Stelle. Wir leisteten sofort eine Anzahlung für einen Anteil des Landes, wo wir eventuell bauen könnten, ohne zu wissen, ob wir je den Rest würden bezahlen können.

Als wir zurück in Pune waren, verließen Wadud und Waduda die Kommune und zogen zu Kaveesha nach Sedona. Danach wurde ich gefragt, ob ich der neue Leiter der Schule für Mysterien, wie sie nun genannt wurde, werden wolle und ich sagte ja.

Eines Abends meinte ich zu Nura, dass sich mein Name Fritjof alt anfühle, beladen mit überflüssigem Gepäck. Am nächsten Morgen erhielt ich einen Brief der Sannyas-Akademie: »Dein neuer Name ist Swami Jivan Rahasya. Jivan heißt Leben und Rahasya heißt Mysterium.«

Das war wirklich ein Mysterium. Ich mochte den Namen und rief Zareen an, die für die Sannyas-Akademie verantwortlich war, um herauszufinden, wie das geschehen ist. Sie informierte mich, dass der Inner Circle befunden hatte, dass Fritjof kein wirklich passender Name für den neuen Direktor der Schule für Mysterien sei. Jemand habe spaßeshalber gesagt: »Warum bietest du ihm keinen neuen Namen an?« Also tat sie es und ich war glücklich über diese Synchronizität.

So wurde ich mit der Unterstützung von zwei anderen Therapeuten zum Direktor der Schule für Mysterien. Wir fuhren fort, nach denselben Richtlinien zu arbeiten. Ich war glücklich, die Schule nach meinem Verständnis leiten zu können und unsere Bemühungen kamen sehr gut an.

1995 schlug mir ein Freund vor, Kiran zu besuchen, einen – so hieß es – erleuchteten Sannyasin. Kiran war ein indischer Geschäftsmann, der in Pune lebte. Er hatte viele Zuhörer. Ich aber sagte: »Ich kann nicht den Satsang von jemand anderem besuchen – Osho ist mein Meister. Ich brauche keine andere Meinung zum Thema Erwachen. Wenn ich nicht mit Osho erwache, dann eben gar nicht!« Außerdem war es für einen Therapeuten im Ashram nicht akzeptabel, dass er zu einem anderen Meister ging. Aber mein Freund wendete eine List an. Er lud mich zu einem Abendessen ein und dort traf ich dann auf Kiran. Wir unterhielten uns großartig und mein Gefühl war, dass auch dieser Mann die Wahrheit repräsentierte.

Ich war jedoch noch immer mehr an den metaphysischen Forschungen interessiert, die wir in der Schule für Mysterien anstellten. Wir hatten gerade mit der metaphysischen Chirurgie begonnen und ich konnte Energien sehen und mit ihnen arbeiten. Ich konnte Lesungen geben, die den Leuten halfen, ihre Konditionierungen zu erkennen. Erwachen erschien mir immer noch sehr weit entfernt.

Kiran sagte mir, dass ich mich mit zu vielen unnötigen Dingen beschäftige. Ich aber war der Ansicht, dass ich tatsächlich in der Lage sein würde, Menschen beim Erwachen behilflich zu sein, wenn ich ein guter metaphysischer Chirurg werde. Ich vermisste jedoch, dass ich selbst noch nicht erwacht war. Osho hatte mich doch so schön damit aufgezogen, ein Meister sein zu wollen, ohne selbst aufzuwachen. Offensichtlich musste ich erst durch weltlichen und dann durch »spirituellen« Erfolg gehen. Wie viel Erfolg brauchte ich noch, bevor ich das Scheitern darin erkannte?

Direktor zu sein war ein wichtiger Schritt. Ich hatte mich endlich an die Spitze vorgearbeitet. Mir wurde klar, dass sich die Arbeit, die zwar sehr speziell war, kaum anders anfühlte, als jede andere Arbeit. Ich tat einfach immer weiter das, was nötig war. Nach etwa einem Jahr wurde mir bewusst, dass meine Wünsche immer weniger wurden, doch nichts füllte mich wirklich aus. Im nächsten Jahr, mitten in der Hochsaison, streikte mein Rücken. Ich hatte es in der Yogaklasse etwas übertrieben und war nun gezwungen, drei Wochen im Bett zu bleiben. Die Schule lief auch ohne mich wunderbar weiter. Ich musste über das Ego lachen, das so wichtig und unersetzlich sein will.

Osho hatte viel über das Bedürfnis gesprochen, gebraucht zu werden; vor allem als Hindernis der Frauen, erleuchtet zu werden. Ich konnte es jedoch, obwohl ich ein Mann war, klar in mir erkennen: das Bedürfnis, gesehen zu werden, wichtig zu sein, geschätzt und bestätigt zu werden. Tief in mir funktionierte ich immer noch mit der Kernannahme, dass ich so, wie ich war, nicht in Ordnung war. Meine ganze Reise in der äußeren Welt hatte diesen Kernglaubenssatz nicht verändert. Ich hatte immer noch das Gefühl, dass etwas fehlte.

Das erschien mir als ein guter Zeitpunkt, auf Pilgerschaft zu gehen. Diese Reise möchte ich in all ihren Einzelheiten beschreiben, denn sie war eine der konzentriertesten Lehren, die ich von der Existenz zu den Themen Vertrauen, Hingabe, Entschlossenheit, Totalität, Loslassen und Beharrlichkeit erhalten habe.

Mount Kailash – Ein Training in Vertrauen

Ich wollte einen alten Traum verwirklichen und den heiligen Mount Kailash in Tibet besuchen.

Im April 1995 kamen wir in Kathmandu an. Bevor die zwölf Teilnehmer unserer kleinen Expedition eintrafen, brachten Nura und ich uns mit einem sechzehntägigen Trekk in der Gegend von Langtang und Gosaikund in Form. Zu meiner großen Erleichterung und Freude linderte dies auch meine Rückbeschwerden.

Die Grenze zwischen Westnepal und Tibet war geschlossen, aber unser Freund und Organisator in Kathmandu, DB, beschaffte uns eine Ausnahmegenehmigung. Auf diese Weise konnten wir den ganzen Weg nach Tibet trekken. In Tibet wollten wir dann die letzten Hundert Kilometer zum Mount Kailash mit dem Auto zurücklegen.

Bereits mehrere Wochen zuvor hatten wir die Passnummern der Expeditionsteilnehmer von Nepal nach Peking geschickt, um die Besuchserlaubnis für den Mount Kailash zu bekommen. Wir erhielten ein Gruppenvisum für China und eine Trekkingerlaubnis für Nepal. Wir planten, Mount Kailash bei Vollmond im Mai zu erreichen. Osho hatte es in »Yoga – The Science of the Soul«[*] so wunderbar beschrieben: Jedes Jahr zur Zeit des Buddha-Vollmondes im Mai versammeln sich fünfhundert Meister am Mount Kailash. Zusammen schaffen sie solch ein starkes Energiefeld, dass Buddha selbst durch Zeit und Raum hinabsteigt. Wir wollten unbedingt an diesem mystischen Geschehen teilhaben.

Unsere Gruppe bestand aus dreizehn Personen. Auch Bindu und sein Freund waren dabei. Als ich die Pässe für das Chinavisum und die Trekkingerlaubnis ein-

---

[*] Osho, Yoga – The Science of the Soul, New York 2002.

sammelte, bemerkte ich, dass einer der Teilnehmer mir eine andere Nummer angegeben hatte. Diese *eine* falsche Passnummer machte die Erlaubnis für die ganze Gruppe ungültig. Glücklicherweise hatte DB sehr gute Beziehungen zur chinesischen Botschaft in Kathmandu, und so konnte er uns innerhalb von vierundzwanzig Stunden mittels viel Geld und Überredungskunst eine neue Gruppenerlaubnis beschaffen.

Der Trekk zum Rara-See

In den frühen Morgenstunden brachen wir mit dem Flugzeug nach Nepalganj in West Terai auf. Nepalganj liegt im Flachland. Es herrschte große Hitze und wir warteten auf den gecharterten Hubschrauber, der uns nach Jumla bringen sollte. Die riesige schwarze Libelle landete mit ohrenbetäubendem Lärm. Die Piloten des russischen Hubschraubers waren froh, einmal nicht ins Krisengebiet der sich auflösenden Sowjetunion fliegen zu müssen.

Das Innere des Helikopters war eine Blechkiste mit einfachen Holzbänken. Schwere Düngemittelsäcke lagen unter unserem Gepäck, das aus Seesäcken, Nahrungsmitteln und Küchengeräten bestand. Die dreizehn Teilnehmer und acht Mitglieder unserer Crew quetschten sich wie die Ölsardinen an Bord. Unsere Crew bestand aus unserem Reiseführer Nimdawa, seinen zwei Helfern, zwei Köchen und drei Küchenjungen. Eine hübsche junge Flugbegleiterin in einem für die zerfurchte Landschaft und das derbe Fluggerät viel zu schicken Kostüm begrüßte uns an Bord. Sie verteilte Watte zum Schutz für unsere Ohren. Langsam erhoben wir uns über die Ausläufer des Himalaya-Gebirges. Anstatt wie vereinbart direkt nach Jumla zu fliegen, verließ der Pilot die Route und flog zu einem anderen Ort, um noch ein paar Tonnen Düngemittel zuzuladen. Uns kamen Zweifel, ob wir mit der schweren Last überhaupt wieder abheben konnten. Drei Stunden später flog der schwer beladene Helikopter nach Jumla, wo wir am frühen Nachmittag landeten.

Wir brannten darauf, noch am selben Tag aufzubrechen, aber wir mussten wieder einmal einsehen, dass sich die Dinge in Asien langsamer bewegen. Im Zollgebäude, einer winzigen Hütte, zeigten wir unsere Trekkingerlaubnis vor. Der Beamte vermerkte fein säuberlich alle unsere Namen, Passnummern und anderen Einzelheiten in einem riesigen Buch. Die Zeit verrann unaufhörlich, doch endlich konnten wir die Hütte auf der anderen Seite verlassen und unseren zwanzigminütigen Weg nach Jumla antreten.

Ein Teil unserer Crew war schon einige Tage eher nach Jumla aufgebrochen, um Träger und Pferde zu organisieren, aber sie waren noch nicht reisefertig. Wir mussten also übernachten und brachten dazu unser ganzes Material zu einer Lodge am anderen Ende des Ortes. Die mittelalterliche Straße zu unserer Unterkunft führte uns an Läden und zerlumpt wirkenden Menschen vorbei. Mit uns waren auch eine Menge Tiere auf der staubigen Straße unterwegs: Wasserbüffel, Hunde, Hühner und Schweine. Schmutzige und neugierige Kinder riefen uns »Namaste!« zu und falteten ihre Hände. Namaste ist der traditionelle Gruß in Nepal und bedeutet: »Ich grüße das Göttliche in dir«. Gepäck und Ausrüstung wurden vor der Lodge aufgestapelt. Das ganze Material musste gewogen werden, damit es gleichmäßig verteilt werden konnte. Dieser Vorgang wurde durch Streitigkeiten unter den Trägern in die Länge gezogen, sodass wir beschlossen, für eine kleine Nachmittagsmeditation einen nahe gelegenen Hügel zu erklimmen.

Am Abend versammelten wir uns für das Abendessen in der Gompa, dem buddhistischen Kapellenraum im Haus. Nach einem erstaunlich luxuriösen Essen begaben wir uns zu unseren Zelten, die auf dem Dach der Lodge aufgestellt worden waren. Ich setzte mich noch mit unserem Reiseführer und dem örtlichen Träger zusammen, der den Weg nach Simikot und Shera kannte. Während wir die Route besprachen, kam mir mit Schrecken zu Bewusstsein, dass der vierzehntägige Trekk nach Shera auf einer völligen Fehlberechnung fußte. DB hatte einen Einheimischen nach den täglichen Marschrouten gefragt. Dabei war jedoch nicht in Betracht gezogen worden, dass Einheimische üblicherweise alleine reisen und doppelt so schnell gehen wie wir – und das acht bis zehn Stunden täglich! Außerdem war nicht bedacht worden, dass Einheimische an die Höhe gewöhnt sind, wir aber keineswegs.

Mir wurde klar, dass wir mindestens einundzwanzig Tage nach Shera an der tibetischen Grenze brauchen würden. Die Autos, die uns dort abholen sollten, kamen aus Lhasa und benötigten für die Strecke nach Shera sieben Tage. Wir konnten nicht rechtzeitig dort sein und würden auch den Mount Kailash nicht in der von uns geplanten Zeit erreichen. Das bedeutete, dass wir die Idee, überhaupt nach Tibet zu gelangen, loslassen mussten. Wie konnte ich das bloß all unseren Freunden und Teilnehmern erklären, nachdem sie für dieses Abenteuer so viel Geld und Zeit investiert hatten?

Ich fand kaum Ruhe, denn mein Verstand suchte fieberhaft nach Lösungen. Erst spät fiel ich in einen kurzen Schlaf und wachte mit einer großartigen Idee auf. Die Teilnehmer brachen frühmorgens auf und der Guide und ich wanderten zum nahe gelegenen Armeestandpunkt. Von dort aus wollten wir DB anrufen. Ich bat ihn, uns einen Hubschrauber zu schicken, der uns in die Nähe des Rara-Sees bei Simikot fliegen und uns damit sieben Wandertage ersparen sollte. Da ich nicht sicher war, ob er mich über das Batterietelefon akustisch verstanden hatte, blieb der Reiseführer am Armeestandpunkt, weil es später am Tag vielleicht eine bessere Verbindung gab, während ich mich im Eiltempo auf den Weg zu unseren Freunden machte. Ein paar Stunden später stieß auch Nimdawa wieder zu uns. Er hatte eine gute Verbindung nach Kathmandu bekommen und die Vereinbarung mit DB treffen können. Ich entspannte mich also und genoss den schönen Weg.

Nach dem Mittagessen erklommen wir durch dichte Wälder unseren ersten Pass auf 3400 Metern Höhe. Hinter dem Pass schlugen wir unser Lager auf. Die Nordhänge waren schneebedeckt, es war eisig kalt und windig. Jetzt bewährten sich unsere Zelte. Wir hatten auch ein großes Essenszelt, in dem wir alle Platz fanden, zusammenrückten und uns gegenseitig wärmten. Die Neuigkeiten von den Problemen, den Plan einzuhalten, und die Aussicht auf einen Hubschrauberflug nach Simikot wurden von den Teilnehmern gelassen aufgenommen. Alle waren bester Laune und strotzten vor Optimismus.

Während der nächsten drei Tage wanderten wir durch wunderschöne nepalesische Landschaften mit den typischen Terrassenfeldern und Dörfern, wo die Einheimischen kaum jemals einen Westler zu Gesicht bekommen hatten. Die Kinder im Westen Nepals überraschten uns mit ihrem Lächeln und ihrer Offenheit. Diese Kinder bettelten auch nicht, was wir nicht gewohnt waren. In den besser besuchten Gegenden von Nepal und Indien sagten die Kinder meist in einem Atemzug »Namaste« und »eine Rupie«.

Die Schönheit und das Wesentliche von Trekking liegen darin, von dunklen Pinienwäldern, klaren blauen Seen, Holzbrücken, tiefen Schluchten und weit entfernten Schneebergen umgeben zu sein. Unsere Crew versorgte uns mit abwechslungsreichem Essen. Schon frühmorgens brachte sie uns Tee ans Zelt. Abends endete das Festessen mit dem obligatorischen Dessert – von Dosenfrüchten über Geburtstagskuchen bis zu Puddings. Wir waren bester Stimmung. Neben den Gehmeditationen saßen wir auch in Vipassana und bildeten einen Kreis, in dem wir uns alles mitteilten, was unsere Herzen und Gedanken bewegte.

Nach ein paar Tagen erreichten wir den Rara-See, der in dreitausend Metern Höhe in herrlicher Landschaft liegt. Dieser strahlende Platz war von Schneebergen und Pinien umsäumt. Wir legten für den Rest des Tages eine Ruhepause ein und erledigten unsere Wäsche. Schwimmen war zwar laut Anweisung des Armeecamps verboten, aber ein paar von uns ignorierten dies einfach und sprangen in das kristallklare, kalte Wasser des heiligen Sees.

Trekking am Karnali-Fluss

Am nächsten Tag wanderten wir hinunter nach Mugu, einem großen Ort mit riesigen Sonnenkollektoren am Fluss unterhalb des Rara-Sees. Als wir auf den schmalen Pfaden zwischen den Häusern gingen, blies ein starker Wind große Staubwolken vor sich her. Die Einwohner waren über und über mit diesem Staub bedeckt, sogar im Gesicht.

Wir campierten in einem Schulhof auf einem Hügel. Dort gab es auch einen eingezäunten Hubschrauberlandeplatz. Der Wind zwang uns, unsere Gesichter mit Schals und Tüchern zu verhüllen, sodass wir wie eine Gruppe Araber aussahen, die sich im Himalaya verlaufen hatten. Von DB erhielten wir die Nachricht, dass uns am nächsten Tag früh um sieben ein Hubschrauber der Asian Airlines abholen würde.

Morgens weckten uns dann die Stimmen von Kindern, die auf dem Schulhof Fußball und Volleyball spielten, und nach unserem Frühstück hörten wir auch schon das willkommene Dröhnen aus der Ferne. Er sah aus wie ein Vogel, der sich beim Näherkommen in eine metallene Libelle verwandelte. Wegen der dichten Staubwolken war die Sicht gleich Null, während der riesige Helikopter auf dem Hügel landete.

Während die Crew tonnenweise Waren für das Dorf entlud, sprachen wir mit dem russischen Piloten. Er meinte, dass das Fliegen in Nepal im Monsun gefährlich sei, weil die Wolken dann so tief hängen, dass man unter ihnen hindurch fliegen müsse. »Tief« bedeutete in dieser Gegend, durch enge Schluchten zu steuern. Zum Glück war das Wetter jedoch klar.

Der Flug war nur von kurzer Dauer. Aus der Luft sahen wir die hohen Pässe. Unter uns schlängelte sich auch der Weg über die Berge, den wir eigentlich hatten laufen wollen. Eine knappe Stunde später landeten wir in Simikot. Die Schneeberge thronten über dem Dorf und die Sonne strahlte. Jetzt schien die Aussicht, Mount Kailash zu erreichen, realistisch. Wir hatten sieben Tage Zeit, an die Grenze von Tibet zu gelangen. Die Einheimischen meinten sogar, wir würden dafür nur sechs Tage benötigen. Alles erschien uns wunderbar.

Unsere ersten Träger und Pferde mussten wir in Mugu zurücklassen und wir brauchten den ganzen Tag, um neue zu finden. Die Einheimischen erkannten unsere Lage blitzschnell und verlangten horrende Preise, aber wir hatten keine andere Wahl, als einzuwilligen. Da wir eine Sperrzone in Nepal betreten wollten, mussten wir auf der Polizeistation zahlreiche Formulare ausfüllen. Ein »Umweltbeamter«, dessen Aufgabe es war, zu beaufsichtigen, dass wir der Gegend keine Schäden zufügten, wurde uns bis zur Grenze an die Seite gestellt. Später war er es, der unvorsichtigerweise in einer trockenen Gegend ein Feuer anzündete, sodass sich daraus ein Buschfeuer entwickelte.

Unser Trekk zog sich entlang des Nordufers des Karnali-Flusses, von wo aus wir eine herrliche Sicht auf die Saipal-Gebirgskette mit den höchsten Bergen Nepals hatten. Riesige Gletscher schimmerten in der gleißenden Sonne. Davor stiegen große Rauchschwaden von den Waldfeuern in den klaren Himmel.

Nach einem langen Marsch und einem steilen Aufstieg erreichten wir das Dorf Kermi und schlugen dort unser Lager auf. Die Sicht über das Tal war wunderschön. Eine Stunde vom Camp entfernt wurden wir mit einem Bad in einer heißen

Quelle belohnt. Es gab mehrere Becken mit verschiedenen Wassertemperaturen und wir genossen das Bad in der kalten Abendluft. Unter uns sahen wir üppige Gerstenfelder, die von buntgekleideten Bauernmädchen mit geflochtenen Körben auf dem Rücken abgeerntet wurden.

Als wir am Karnali-Fluss entlanggingen, führte unser Weg an einer Felswand vorbei, die zwanzig Meter in die Tiefe abfiel. Plötzlich gab es keinen Weg mehr, nur noch eine tückische, schlüpfrige Felsoberfläche. Als ich Nura bei der Überquerung der Felswand half, rutschte sie aus, doch glücklicherweise konnte ich sie auffangen und hochziehen. Einen Sturz in die reißenden, eiskalten Fluten hätte sie vermutlich nicht überlebt, denn sie wäre bis ins Dorf hinunter gespült worden. Das erinnerte uns schlagartig wieder daran, wie fragil und unsicher das Leben ist. Mit dieser Erkenntnis umarmten wir uns in Stille und Dankbarkeit für dieses neuerlich geschenkte Leben.

Wir waren am Fuß des 4500 Meter hohen Passes angelangt, der uns von Tibet trennte. Abends trat unser Bergführer Nimdawa zu uns ins Versorgungszelt. Er war blass und angespannt und erklärte, dass sich die Träger weigerten, den verschneiten Pass zu überqueren. Selbst die Drohung, keine Bezahlung zu erhalten, konnte sie nicht dazu bewegen. Auch unser gemeinsames Gespräch mit den Trägern blieb erfolglos. Plötzlich kam mir eine Idee: Ich nahm meine Gitarre zur Hand und wir sangen gemeinsam nepalesische Lieder. Obwohl ich nur fünf Akkorde kannte, fielen alle mit ein und begannen zu tanzen. Es wurde Sake und Rum herumgereicht und bald hatten die Träger ihre Meinung geändert und sie versprachen weiterzumachen.

Am nächsten Morgen waren alle wieder nüchtern und die Diskussionen begannen erneut, sodass Nimdawa die beiden größten Quertreiber nach Hause schickte. Die verbliebenen Träger beteuerten, den Pass mit uns zu überqueren, wenn sie mit Schuhen und warmer Kleidung ausgerüstet würden.

Wir standen im Dunkeln und bei leichtem Schneefall auf. Die Zelte wirkten gespenstisch. Es war schwierig, den Weg bei Nässe, Nebel und Schnee zu finden, aber unsere Führer schienen dem Weg intuitiv zu folgen.

Zur Mittagszeit erreichten wir ein paar aufgestapelte Steine mit Gebetsfahnen, was bedeutete, dass die Passhöhe erreicht war. Von diesem Punkt aus hätten wir eine fantastische Sicht nach Tibet haben sollen, doch leider verwehrte uns der Nebel diese Freude. Auf der anderen Seite war der Pass tief verschneit und fiel extrem steil ab. Bindu und ich beschlossen, eine Abkürzung zu nehmen, und rutschen kurzerhand auf unseren Plastikregenmänteln durch die dichten Nebelschwaden ins Nichts. Plötzlich riss der Himmel auf und wir fanden uns in einer atemberaubenden Landschaft wieder: Tiefe Schluchten und hohe, schneebedeckte Gipfel in Pastellfarben lagen vor uns. Ganz im Norden war ein Stückchen blauer Himmel, strahlende Sonne und eine herrliche Landschaft zu sehen.

Seit meinem zehnten Lebensjahr, seit ich Heinrich Harrers Buch »Sieben Jahre in Tibet« gelesen hatte, träumte ich von Tibet. Und da war ich, schaute auf das heilige Land und fühlte mich, wie Moses sich gefühlt haben musste, als er zum ersten Mal Israel erblickte. Unaussprechliche Freude bewegte mich. Immer mehr von uns tauchten aus dem Nebel auf und alle jauchzten vor Freude.

Der Rest unserer Reise auf der nepalesischen Seite war ein langer Trekk bergab zum Karnali-Fluss, der die Grenze zwischen Nepal und Tibet bildet. Die Brücke nach Tibet wirkte gefährlich und primitiv konstruiert: krumm und schief und schon ziemlich verwittert von vergangenen Fluten. Unter der brüchigen Brücke schoss eine braune, schlammige Brühe auf eine enge Schlucht in der Ferne zu. Viele von uns überquerten die Brücke wie eine vorsichtige Katze auf allen vieren, um zu vermeiden, wieder nach Nepal zurückgespült zu werden. Unsere Führer und Träger stapften zu unserer Überraschung mit vollstem Vertrauen über die Konstruktion, so als spazierten sie auf einem malerischen Kopfsteinpflaster einer deutschen Altstadt.

WILLKOMMEN IN TIBET

Nach einem steilen Anstieg auf der tibetischen Flussseite erreichten wir eine verlassene Yakweide mit einem Stall und schlugen dort unser Lager auf. Unsere Träger erhielten ihre Bezahlung und beeilten sich, zurück über den Pass nach Hause zu kommen.

Auf der tibetischen Seite hatten wir die Autos aus dem sieben Tage entfernten Lhasa erwartet, welche uns die letzten hundert Kilometer zum Mount Kailash bringen sollten, es waren jedoch weit und breit keine Wagen zu sehen. Unser Führer ging die halbe Stunde ins malerische Dörfchen Shera, um nach den Wagen zu fragen. Er kehrte mit einem chinesischen Grenzoffizier zurück, der uns erklärte, dass unsere Fahrzeuge nur dann ankommen, wenn sie mit einem chinesischen Führer unterwegs sind, der die Erlaubnis hat, uns weiter nach Tibet hineinzubringen. Wir waren zu müde, um uns darüber Sorgen zu machen, und gingen erschöpft schlafen.

Am nächsten Morgen schickten wir Nimdawa auf den achtstündigen Weg in die nächstgelegene Stadt Punrang, um herauszufinden, was mit unseren Wagen geschehen war. Wir verbrachten den Morgen mit Wäsche waschen und Meditieren und genossen diese lange Ruhepause nach den anstrengenden Trekkingtagen. Als wir beim Mittagessen saßen, kam ein weiterer chinesischer Grenzoffizier und wedelte mit einem handgeschriebenen Zettel auf Nepalesisch. Keiner der verbliebenen Führer und Küchenhelfer konnte lesen und schreiben, aber einer unserer Köche half mit seinen begrenzten Schulkenntnissen aus. Auf dem Zettel stand in etwa: »Wagen kommen nicht. Wir treffen uns morgen früh in Nepal auf der anderen Seite des Passes, wo ein Hubschrauber wartet.«

Nura und ich bedachten die möglichen Folgen dieser Nachricht. In erster Linie bedeutete das, dass wir zurück nach Kathmandu fliegen würden, ohne den Mount

Kailash gesehen zu haben. Und es bedeutete darüber hinaus eine zehnstündige Nachtwanderung über den verschneiten Pass – ohne die Hilfe von Trägern. Das hieß wiederum, dass wir Gepäck und Zelte zurücklassen mussten, weil wir sie nicht tragen konnten. Wir beschlossen abzuwarten, bis von selbst eine Lösung auftauchte.

Nach dem Mittagessen setzten wir uns zu einer langen Meditation hin. Dabei wurde mir klar, dass ich nicht zurück über den Pass steigen würde, denn es war viel zu gefährlich, im Dunkeln zu gehen. Außerdem würden wir bei einem solchen Unternehmen die wertvolle Ausrüstung verlieren. Wir mussten DB zu verstehen geben, dass uns der Hubschrauber dort abholen musste, wo wir uns gerade aufhielten. Diese Nachricht konnten wir ihm nur mit einem Gebet übermitteln, deshalb warteten wir ab und meditierten weiter. Dann spazierten wir durch das Dorf und genossen die rustikale Schönheit der tibetischen Häuser mit ihren Bewohnern.

Am nächsten Morgen öffnete ich das Zelt, schaute in die Höhe zum Pass und bemerkte, dass die Berge mit Wolken verhangen waren. Ich erinnerte mich daran, was der russische Pilot gesagt hatte, und fragte mich, wie es einem Hubschrauber wohl gelingen würde, über den Pass zu fliegen. Für den Fall des Erfolges schickte ich Bindu mit seinem Freund hinunter nach Nepal, um einen großen runden Landeplatz von Steinen zu befreien. Die Jungs mussten eine Stunde lang gehen, aber wir sahen sie von unserem Lager aus. Sie legten als Zeichen für die Piloten in der Mitte ein schönes großes »H« für Helikopter aus.

Die Wagen mit unserem Proviant blieben weiterhin aus und unsere Lebensmittelvorräte reichten gerade noch für das Frühstück. Danach mussten wir uns mit Reis und Tsampa, dem tibetischen Grundnahrungsmittel aus geröstetem Getreide, zufriedengeben, vorausgesetzt die Dorfbewohner verkauften uns Teile ihrer spärlichen Vorräte. Nura und ich marschierten ins Dorf um nachzusehen, ob es Nachrichten für uns gab, aber da war nichts.

Mittags gingen wir zurück zu unserem Camp. Die Berge und der Pass lagen immer noch in den Wolken und ich begann, eine andere Lösung zu suchen. Doch da war es plötzlich zu vernehmen: das Donnern eines sich nähernden Hubschraubers. Wir konnten es kaum glauben, denn über uns war nur das undurchdringliche Grau des Nebels. Wie mutig musste jemand sein, bei solchen Verhältnissen zu fliegen? Da erblickten wir den riesigen russischen Hubschrauber, dessen Rotorblätter so breit wie die Schlucht zu sein schienen. Er näherte sich unserem Zeltlager. Nura und ich begannen zu rennen und erreichten ihn, als er auf dem staubigen Berg landete. Die Tür des Hubschraubers öffnete sich und wir erblickten die lächelnden Gesichter von DB und seinen Gefährten.

Der Pilot drängte zum Aufladen unseres Gepäcks, denn er hatte die tibetische Grenze ohne Erlaubnis überflogen. Für die Dorfbewohner war das Ganze eine aufregende Abwechslung, aber die beiden wild gestikulierenden chinesischen Grenzbeamten verbreiteten sogleich Panik in der Menge. Sie verteidigten das

Territorium, als seien Truppen aus Nepal soeben in Tibet einmarschiert. Und so hob der Hubschrauber noch mit offener Tür wieder ab. Der Pilot rief uns zu, dass wir den Rest unserer Ausrüstung zum Landeplatz auf der anderen Seite bringen sollen. Wir schnappten uns alle eine Tasche und für den Rest engagierten wir als Tragehilfen ein paar junge Tibeter. Wir hetzten eine Stunde lang nach unten, überquerten einmal mehr die wacklige Brücke und bestiegen endlich die Blechkiste mit unserem ganzen Gepäck. Die hübsche Stewardess lächelte unsere erleichterten Gesichter an.

Der Flug durch die Karmeli-Schlucht ließ uns jedoch nicht zur Ruhe kommen. Zu beiden Seiten ragten keine zwanzig Meter von uns entfernt steile Felswände hoch. Schon ein minimaler Pilotenfehler hätte zu einem der zahlreichen Abstürze in den Bergen Nepals geführt. Als der Hubschrauber eine scharfe Kurve flog, keuchten wir und hielten uns an den Händen. Aber unsere Zeit war offensichtlich noch nicht abgelaufen, denn die Schlucht öffnete sich wieder vor unseren Augen.

DB erklärte uns, warum die Wagen nicht vor Ort waren. Die Autofirma in Lhasa wurde von Tibetern und nicht von Chinesen geführt und einer ihrer Fahrer hatte einen Zusammenstoß mit einem chinesischen Militärfahrzeug. Das reichte, um die ganze Firma als kriminell abzustempeln und die Belegschaft hinter Gitter zu bringen. Unsere Wagen hatten Lhasa nie verlassen, weil alle Fahrer im Gefängnis saßen. Als DB davon hörte, fuhren er und sein Freund die ganze Nacht durch nach Nepalganj, um den rettenden Hubschrauber für uns zu organisieren. »Übrigens habe ich euer deponiertes Geld und zusätzlich noch welches von mir dafür gebraucht – ganze neuntausend Dollar«, sagte DB. Er hatte unser gesamtes Geld ausgegeben, das wir für unsere sechs Monate in Pune und für Bindus Schulgeld gespart hatten! Eine Stunde später landeten wir in Nepalganj. Dort bestiegen wir ein Flugzeug und flogen die drei Stunden zurück zu unserem Ausgangsort Kathmandu. Unser Hotel dort erschien uns traumhaft luxuriös und komfortabel.

Der Ritt durch die Hölle zum Mount Kailash

DB fragte uns, ob wir noch immer zum Mount Kailash wollten. Er könne die Reise für uns organisieren, wenn wir bereit wären, die Fahrt in vier, statt der üblichen sechs bis sieben Tagen zu bewältigen. Damit alles reibungslos klappte, wollte er uns begleiten. Alle stimmten begeistert zu, bis auf einen Teilnehmer, der befürchtete, dass seine Augen den tibetischen Staub nicht vertragen würden.

Am nächsten Morgen brachen wir früh auf, um die tibetische Grenze per Bus zu erreichen. Diese achtstündige Fahrt auf den nepalesischen Schotterpisten brachte in der Gruppe mehr Negativität hoch als unsere ganzen vergangenen Schwierigkeiten. Auf einmal gab es kleinliche Beschwerden über dies und das, sodass Nura und ich uns fragten, ob es richtig gewesen war, die Reise überhaupt fortzusetzen. Hatten wir vielleicht alle bereits genug?

Bei der Ankunft in der nepalesischen Grenzstadt wollte man uns das Verlassen des Landes verwehren, weil wir keinen Einreisestempel für Nepal vorweisen konnten. Wir kamen aus Tibet und waren offiziell nicht mehr in Nepal eingereist. Die Gruppe musste stundenlang Verhandlungen, Formalitäten und Telefonate nach Kathmandu ertragen. Diese Bürokratie konnte nur durch beträchtliche Bestechungsgelder an verschiedene Offizielle abgekürzt werden. Am Abend bestiegen wir dann endlich einen chinesischen Lastwagen, der uns nach Zangmu, der tibetischen Grenzstadt, brachte. Zu jener Zeit war die chinesische Grenze bereits geschlossen.

Die chinesische Architektur in Zangmu bestand aus riesigen Betongebäuden, nachlässig und ohne jegliche Sensibilität für die Landschaft in den Bergen verteilt. War das der Ort, an dem wir die Buddha-Vollmondnacht feiern wollten? Die Hotels und Gasthäuser waren bevölkert von betrunkenen Chinesen. Die einheimischen Tibeter dort wurden leider nicht gut behandelt. Unsere kleine Gruppe landete im fünften Stock eines der monströsen Gebäude. Wir hatten das Gefühl, dass wir unser Abendessen zum Buddha-Vollmond am schlimmsten Platz auf der Erde einnahmen. Hier gab es keinen Mount Kailash, keine fünfhundert Meister, und auch Buddha stieg nicht aus Zeit und Raum herab. Keine spirituelle Ekstase in der sternenklaren Vollmondnacht! Stattdessen gab es jede Menge Betonwände, laute Musik und betrunkene Chinesen mit Kerzen in der Hand. Wir befürchteten, dass sie alles in Brand stecken könnten. In einem klaren Moment erkannten wir jedoch den Humor und die Absurdität der Situation. Wir konnten kaum mehr aufhören zu lachen und erlebten eine herrliche Befreiung unserer Emotionen. Buddha zeigte sich auf wundersame Weise genau hier in der »Hölle«!

Die Grenzformalitäten zogen sich über den halben nächsten Tag hin, bis wir endlich in drei großen Jeeps und mit einem Gepäckwagen voller Vorräte losfuhren. Wir waren guter Laune und erklommen langsam den fünftausend Meter hohen Pass. Von dort aus hatten wir eine wunderbare Aussicht. Vom Norden aus gesehen bestand der Himalaya aus Eis- und Schneewänden, eingebettet in die pastellfarbene tibetische Wüste. Die Gletscher waren zum Greifen nah. Bunte Gebetsfahnen auf einem großen Steinwall sandten das ewige Gebet »Om Mani Padme Hum« in alle Richtungen aus, um den Reisenden an seine eigene wahre Natur zu erinnern.

Aus dem tibetischen Hochland fuhren wir zunächst in Richtung Lhasa. Auf einmal verließ jedoch unser Fahrer die Straße und wir durchquerten die Wüste, ohne die Führung einer Straße oder eines Weges. Das Gelände war so uneben, dass wir unsanft im Wagen herumgeschleudert wurden. Nach zwei Stunden hielten wir unvermittelt im Niemandsland, denn wir waren im Sand steckengeblieben. Die nächsten Stunden verbrachten wir mit Schaufeln, Schieben und Ziehen, bis wir endlich wieder fahrtüchtig waren. Dieses Spiel wiederholte sich immer wieder bis zwei Uhr nachts und wir gingen abwechselnd durch äußere und innere Höllen. Dazwischen genossen wir die atemberaubende Sicht auf den Himalaya und die klaren, blauen Seen, die ein unsichtbarer Künstler in die Wüste gemalt hatte. Die Luft war so klar, dass wir sogar dreihundert Kilometer entfernte Berge sehen konnten.

Es war aussichtslos, sich gegen den Staub schützen zu wollen. Er drang überall ein und wir sahen aus wie Gespenster. Jeder Knochen in meinem Körper schmerzte von der Fahrt. Die anderen machten sich Luft: »Muss das sein? Können wir nicht einfach unser Lager hier aufschlagen? Ich will zurück. Dafür habe ich aber nicht bezahlt …«

Es war offensichtlich, dass die Hölle nur in der Interpretation einer Lebenssituation besteht, auch unter herausfordernden und schwierigen Umständen. Es gab keine ersichtlichen Alternativen, außer weiterzumachen oder die Unternehmung abzubrechen. In mir fühlte ich Frieden und Freude, weil wir gezwungen waren, von Moment zu Moment zu leben. Mir wurde bewusst, dass ich litt, sobald ich das Erreichen des Mount Kailash zu einem mentalen Ziel erkor, denn dann machte es mir etwas aus, wenn wir steckenblieben und wertvolle Zeit verloren. Der Verstand erfand Geschichten und ängstigte und sorgte sich. Wenn ich jedoch einfach präsent war, die karge Schönheit des Landes und die stoische Geduld unserer Fahrer betrachtete, dann war ich in Frieden. Ich sah, dass Negativität wie ein Virus ist, das Freunde mit Leiden ansteckt, die sich soeben noch wohl gefühlt hatten. Es brauchte viel Überzeugungskraft, allen in Erinnerung zu rufen, dass wir uns gemeinsam für diese Sache entschieden hatten. Endlich kam mir die Ausdauer zu Hilfe, die ich als Kind bei meinem unnachgiebigen Vater auf Skitouren und Segeltörns gelernt hatte.

Acht Stunden lang hatten wir kein anderes menschliches Wesen getroffen. Auf einmal bog unser Fahrer in Richtung eines schwachen Lichts ab. Ein paar Minuten später betraten wir einen ummauerten Hof und schlugen unser Camp in der Nähe eines großen tibetischen Bauernhofes inmitten der Wüste auf. Wir konnten ein paar kostbare Stunden Schlaf gebrauchen. Um sechs Uhr wurden wir zum Morgentee geweckt und brachen kurz danach zu einer weiteren unruhigen Tagesfahrt mit Schaufeln und Anschieben auf.

Der zweite Tag führte uns durch eine Wüste mit hohen Wanderdünen. Wir befanden uns auf dem westlichen Hochplateau, dem Regierungsbezirk Ngari des Autonomen Gebiets Tibet, jenseits der Baumgrenze auf durchschnittlich 4500 Metern Höhe. Im Süden hinter uns lagen kristallklare Seen und die eisigen Wände des Himalaya. Es blies ein starker Wind, und Sonne und Wolken wechselten sich in schneller Folge ab. Zwischen den Wolken erschien ein pastellfarbener Regenbogen. Wir bereiteten die Überquerung des Flusses Brahmaputra auf einem Floß vor. Als unser Versorgungswagen auf die Holzplanken fuhr, senkte es sich gefährlich tief. Drei Stahlseile waren zwischen den beiden Ufern gespannt. Eines war das Führungsseil, welches die Fähre davor bewahren sollte, von der starken Strömung abgetrieben zu werden. Die anderen beiden waren seitlich befestigt und zogen das Boot. In einer mehrstündigen Aktion schafften wir unsere Wagen auf die andere Seite des Flusses.

Am nächsten Nachmittag fuhren wir am Fluss entlang. Der Weg war in annehmbarem Zustand und wir fühlten uns gut. Jeder von uns hatte sich an die unbequemen Verhältnisse gewöhnt und eingesehen, dass Klagen die Dinge nur schlimmer macht. Wir fuhren ein steiles Flussufer hoch und erreichten ein Plateau, auf dem Hunderte von sorgfältig errichteten kleinen Steinhaufen zu sehen waren. Wir spürten die Heiligkeit des Platzes. Und da sahen wir ihn: den Mount Kailash! In der Ferne erhob sich ein leuchtend weißer Dom über die braunen Wüstenhügel. Er hatte eine vollkommen runde Form. Mir ging es wie damals, als ich zum ersten Mal in Oshos Augen geblickt hatte: Ich sah einen Meister in Form eines Berges – anmutig, heilig, natürlich, majestätisch und still. Dieselbe Klarheit und Einfachheit umfing mich, wie in Oshos Präsenz. Wir stiegen aus dem Wagen und bewunderten diese Schönheit. Stille überwältigte uns.

Man sagte uns, dass die Pilger beim ersten Anblick des heiligen Berges diese kleinen Steinhaufen errichten. Sie symbolisieren das Haus für die Seele, in welches sie zurückkehrt, wenn der Körper gestorben ist. Wir machten uns alle daran, unser eigenes symbolisches Refugium für die Seele zu bauen und gingen in der Stille und Heiligkeit des Momentes auf.

Im Wüstenfluss

Ich hätte unser Lager gerne etwas früher aufgeschlagen, aber DB bestand darauf, weitere zwei Stunden zu einem geschützteren und schöneren Platz zu fahren, an dem wir Zugang zum Wasser hatten. Die Sonne ging bereits unter und der Himmel leuchtete feurig orange. Der erste Wagen setzte zur Überquerung eines breiten Flusses an. Das Wasser war so tief, dass es durch die morschen Dichtungen der Türen drang. Mit letzter Kraft schaffte er es das andere Ufer hoch. Von dort aus beobachteten wir die anderen Wagen und ich filmte die dramatische Szene mit meiner Videokamera. Ich sah, dass der nächste Wagen etwas abgekommen war und langsam in den Fluss hinunterrutschte. Wir riefen den sechs Insassen zu, sofort die Fenster zu öffnen, damit sie auf keinen Fall eingeschlossen werden. Sie mussten unbedingt noch in der Lage sein die Türen aufzumachen. Das Wasser war eiskalt, die Lufttemperatur betrug etwa minus fünf Grad und es blies ein heftiger Wind über die weite Ebene. Tagsüber schmolzen die nahen Gletscher und ließen die Flüsse anschwellen, bis der Nachtfrost die Wassermassen wieder reduzierte. Entsetzt sahen wir, wie das Wasser anstieg.

Im Wüstenfluss

Etwa dreißig Meter flussabwärts kam der Wagen zum Stehen und die Insassen kletterten aus den Fenstern ins Freie. Das Auto ragte nur noch zwanzig Zentimeter aus dem Wasser. Schals, Mützen und Ausrüstungsgegenstände wurden aus den Fenstern gewaschen und trieben flussabwärts. Inzwischen war der dritte Wagen angekommen und fuhr in Richtung des gesunkenen Fahrzeugs. Auch dieser Wagen blieb hoffnungslos stecken. Danach kam unser Versorgungsfahrzeug mit dem chinesischen Führer an. Er trug die letzte Verantwortung für unsere Wagen, die in Tibet sehr wertvoll waren. Er ordnete an, dass der Fahrer zu Hilfe eilen müsse. Jedoch blieb auch der Versorgungslastwagen im Fluss stecken. Die hereinbrechende Dunkelheit verschärfte den Ernst der Lage noch. Mir wurde klar, dass unsere sechs Freunde ohne schnelle Hilfe wahrscheinlich erfrieren würden. Unser Fahrer wollte durch den Fluss zurückfahren, aber wir lehnten ab, da unser Auto das einzige noch funktionierende Fahrzeug war.

Ein kräftiger Fahrer kämpfte sich durch die reißenden, eisigen Fluten und erreichte endlich das gesunkene Fahrzeug mit einem Seil. Unsere Freunde sprangen einer nach dem anderen vom Autodach ins brusttiefe Wasser. Mithilfe des Seils zogen sie sich am Fahrzeug vorbei und kletterten an Land – mittlerweile eine Insel. Der Abendhimmel glühte in dramatischem Dunkelrot. Wir mussten dringend unsere nassen und frierenden Freunde in Sicherheit bringen, und so fuhren wir den Fluss hoch auf der Suche nach einer Furt. Ich betete still, dass wir es schaffen, und glücklicherweise fanden wir eine Stelle, an der wir den Fluss problemlos überqueren konnten.

Unsere Freunde zitterten vor Kälte und Entsetzen. Sie brauchten dringend trockene und warme Kleidung. Alle halfen beim Entladen des Versorgungslastwagens, um an unsere Taschen zu kommen. Wir kramten die wärmsten Sachen hervor und verteilten sie. Als alle in warme Sachen gehüllt waren, begannen wir die Evakuierung der stetig kleiner werdenden Insel. Wir wollten alle in ein dreißig Minuten entferntes Dorf bringen und hofften auf ein warmes Gästehaus. Da wir aber nur noch ein Fahrzeug hatten, dauerte das Ganze Stunden. Um Mitternacht warteten nur noch Nura und ich auf der Insel. Auf einmal stöhnte sie auf und brach ohnmächtig in meinen Armen zusammen. Ihre ganze Anspannung und Sorge konnte sie in dem Moment loslassen, als alle in Sicherheit waren.

Da war ich also: Bei minus fünf Grad saß ich auf einer winzigen Insel in einem Fluss mitten in Tibet und meine geliebte Nura lag bewusstlos in meinen Armen. Dennoch fühlte ich mich bemerkenswert glücklich unter dem Meer der Sterne. Ich lächelte über die Lektion des Mount Kailash. Als wir dachten, wir hätten es bereits geschafft, erteilte er uns eine weitere Lektion im Loslassen. Mit einem einzigen Fahrzeug gab es keinerlei Möglichkeit, weiter in Richtung Berg zu reisen. Lebe wohl, mein Traum! Willkommen in einer gesegneten, wunderbaren Wirklichkeit des einfachen Lebendigseins!

Im Dorf wurden wir alle willkommen geheißen von einem der fünfhundert Meister, die wegen des Buddha-Vollmonds angereist waren. Und mitten in der Nacht kochten seine Schüler eine warme Suppe für uns. Welch eine Fürsorge! Der indische Meister saß majestätisch auf seinem Teppich und strahlte Sanftheit und Weisheit aus.

Die Szene am nächsten Morgen war spektakulär: Ein großes Tuch war ausgebreitet worden und eine Vielzahl an Dingen lag zum Trocknen darauf: Kameras, Kleidungsstücke, Schlafsäcke, Geld, Lebensmittel, Notizbücher, Stifte, Walkmans, Kassetten und vieles mehr. Viele Dinge waren im Fluss verloren gegangen und einige Kameras waren zerstört.

Nach dem Frühstück klärten wir unsere Teilnehmer schonend über das Ende unserer Reise auf. Wir konnten uns nicht weiter auf den Mount Kailash zu bewegen. Mit nur einem Fahrzeug war das unmöglich und wir benötigten die kommenden Tage dafür, Fahrzeuge zu finden, die uns zurückbrachten. Aber wir hatten den heiligen Berg wenigstens gesehen.

Später kam einer der Teilnehmer auf mich zu und wollte mich sprechen. Er war frustriert und wurde immer lauter. Zuletzt brüllte er mich an, wie unverantwortlich ich sei, wie schlecht die Reise organisiert gewesen war, sodass seine Hochzeitsreise in einem Desaster geendet habe und dass ich dafür die Schuld trage. Ich bin von Natur aus eher sanftmütig, aber plötzlich befand ich mich in einer großen Schreierei. Das zog die Dorfbewohner an, die sich in einem großen Kreis um uns herum aufstellten und sich wunderten, was los war. Ich hörte mich schreien, dass der einzige Grund für diese Reise gewesen war, ihn und andere rigide Westler aus ihrer Komfortzone zu locken, zurück in die Unsicherheit des Lebens, hinein ins Hier und Jetzt. Ich schrie auch, dass er doch wohl sehr klar in den Reisebedingungen gelesen habe, dass er auf eigenes Risiko handle. Er habe unterschrieben, dass auf dieser Reise unvorhergesehene Gefahren lauern können und dass er wirklich undankbar sei. Statt dass er froh sei, noch am Leben und nicht erfroren zu sein, mache er eine solch dumme Szene. Er solle endlich erwachsen werden und die Verantwortung für sein Leben übernehmen. Wir hatten nach dem Unfall wohl beide etwas zu viel Adrenalin. Plötzlich wurde uns die Lächerlichkeit der Situation bewusst und wir begannen zu lachen. Bald darauf lagen wir uns in den Armen und die Tibeter taten es uns nach.

Und dann trauten wir unseren Augen kaum: Nicht nur war unser Versorgungswagen angekommen, auch die beiden anderen Wagen waren wieder aufgetaucht. Die Dorfbewohner hatten ihren Traktor zur Verfügung gestellt und waren frühmorgens losgezogen, um die Wagen zu bergen. Der Wasserpegel war zum Glück stark gesunken und die Rettung gestaltete sich vergleichsweise einfach.

Das eine Fahrzeug war ramponiert und voller Schlamm. Im Westen hätte man es sofort auf den Schrottplatz gebracht. Aber hier in Tibet machten sich die Fahrer an die Arbeit und ein paar Stunden später war der Wagen wieder sauber. Die Sitze trockneten in der Sonne und die Elektrik wurde ausgebaut und wieder neu zusammengesetzt. Der Motor sprang nach ein paar Versuchen wieder an. Diese Szene erinnerte mich an die Werbung von Toyota, in der ein Affe singt: »Nichts ist unmöglich!« Wir waren den Dorfbewohnern sehr dankbar und bezahlten sie für ihre gute Arbeit.

Rundgang um den Mount Kailash

Es war mittags und wir hatten genug Zeit, nach Darshen am Fuße des Mount Kailash zu fahren. Darshen ist der Ausgangspunkt für Parikrama, den Pilgerpfad rund um den Berg. Wir beluden die Fahrzeuge und machten uns auf den Weg. Der Motor des einen Fahrzeuges ging alle zehn Minuten aus, vermutlich war zu viel Flusswasser in den Tank geraten. Das verlangsamte unsere Reise schmerzlich, aber am Abend erreichten wir endlich Darshen. Unsere Führer suchten sofort nach Bauern mit Yaks, die unsere Ausrüstung für die nächsten drei Tage tragen sollten.

Die Parikrama ist ein heiliges Ritual für tibetische Buddhisten, wie auch für Hindus und Boen Pos, die Anhänger der tibetischen Religion vor dem Buddhismus. Die Boen Pos gehen entgegen dem Uhrzeigersinn, während alle anderen im Uhrzeigersinn unterwegs sind. Der Kreis ist symbolisch für ein Mandala aus Leben, Alter, Tod und Wiedergeburt.

Der Himmel war strahlend blau und die ersten Sonnenstrahlen kletterten über den östlichen Grat. Der runde, weiße Dom des Mount Kailash schimmerte über uns. Es wurde uns berichtet, dass sich der Berg meistens in Wolken hüllt, und so schien es, dass Mount Kailash uns endlich akzeptiert hatte. Dafür waren wir hergekommen. Wir wollten dem tibetischen Ritual folgen und die Umrundung zu einer tiefen inneren Reise machen.

Am ersten Tag gingen wir von der Gegenwart zum Alter. Das Amitabha-Tal ist ein weites und langes Tal auf der Westseite des Kailash. Es lag im Schatten, weil die Sonne noch nicht hoch genug stand, und bot eine wunderbare Aussicht auf den heiligen Berg. Die Felsformationen zu beiden Seiten sahen aus wie Schlösser und Tempel. Wir spürten, dass wir auf heiligem Boden waren.

Seit Jahrhunderten oder gar Jahrtausenden besuchen Pilger diese heilige Stätte und nehmen dafür große Mühen auf sich. Für Tibeter und Hindus ist der Mount Kailash das Zentrum des Universums. Hier residieren Shiva, Buddha und Padmasambhava. Einmal im Leben den Mount Kailash zu umwandern, ist der Traum für viele Tibeter, Hindus und Boen Pos. Es wird gesagt, dass eine einzige Umrundung von allen Sünden reinigt.

Die Energie dort war stärker als alles, was ich bis dahin gespürt hatte. Jeder ging für sich alleine. Nura und ich flogen beinahe dahin, so leicht und präsent im Hier und Jetzt waren wir. Dabei vergaßen wir die Zeit völlig. Wir gingen zehn Stunden bis zu unserem nächsten Camp und waren so eingehüllt von der Heiligkeit der Umgebung, dass wir darüber das Mittagessen vergessen hatten.

Das Camp am Fuße der Nordseite des Kailash war voller Gebetsfahnen und kleiner Stupas, den tibetischen Schreinen. Das war der Ort für Rituale und Gebete, bevor man sich darauf vorbereitete, am nächsten Tag zu sterben. Der Mount Kailash hat durch den Schnee in den Ritzen ganz unterschiedliche Gesichter. Hindus sehen darin das Gesicht Shivas. Buddhisten sehen im Fels das Gesicht Buddhas, und wir fanden, dass Osho uns aus der Höhe anlächelte. Sogar seine weiße Mütze und seinen langen Bart sahen wir. Bevor wir uns für die Nachtruhe zurückzogen, setzten wir uns zu einer langen, stillen Meditation hin.

Der Morgentee wurde noch in der Dunkelheit serviert. Heute war nämlich der Tag für Tod und Wiedergeburt. Doch mussten wir es schaffen, den Dölma La zu überqueren, einen Pass von 5600 Metern Höhe, bevor wir in unser neues Leben hinabsteigen konnten. Nach ein paar Stunden kamen wir zu einem großen Platz, an dem viele Dinge verstreut worden waren: Kleidungsstücke, Haare, Schmuck, Zähne und andere Dinge, welche die Pilger als Symbole für ihr Anhaften an den Körper-Geist betrachteten. Hier ließen wir auch etwas von uns zurück, um damit symbolisch unseren Besitz loszulassen und uns letztlich darauf vorzubereiten, unseren Körper zu verlassen. Auf der Passhöhe traten wir durch die Tore des Todes. Ich hatte gehört, dass es dort zwei besondere Felsen gab, an denen man über das Loslassen meditieren konnte, aber ich fand sie nicht. Und so beschloss ich, die Todesmeditation auf der Höhe des Passes zu machen.

Der darauffolgende Abstieg erschien uns schier endlos. Der Schnee wurde in der späten Morgensonne immer tiefer und schwerer. Wir waren bereits spät dran und es wurde immer wärmer. Ich hoffte, dass wir es alle schaffen würden. Auf zwei früheren Touren mussten wir Teilnehmer aus der Everest-Region ausfliegen lassen, weil sie an akuter Höhenkrankheit gelitten hatten. Die Freunde hätten ohne den rettenden Hubschrauber nicht überlebt. Hier gab es jedoch weder Hubschrauber noch andere Rettungsmöglichkeiten. Wir hatten zwar einen Druckbeutel dabei, waren uns aber nicht sicher, ob er im Ernstfall auch taugen würde.

Eine lange Kette von Pilgern zog sich über die weißen Hänge des Passes. Die Tibeter gingen viel schneller als wir aus dem Westen. Viele von ihnen machten die gesamte Umrundung in einem einzigen Tag. Wir jedoch brauchten dafür drei lange Tage.

Nura und ich kamen zur Mittagszeit am Dölma La an und waren völlig erschöpft. Ich legte mich auf einen Felsen und entspannte mich. Ich stellte mir meinen Körper vor, wie er stirbt und endlos in einen tiefen Abgrund fällt. Der Körper, die Sinne und Gedanken verschwanden, aber immer noch gab es dieses Gefühl von »Ich bin« hinter all den Beschreibungen, mit denen ich dieses »Ich« definiert hatte. Ich realisierte, dass es keinen Tod gab. Das Leben währt ewig, nur die Form ändert sich. Ich hatte es Osho oft sagen hören, aber jetzt erfuhr ich es. In einer solchen Höhe war der Verstand sehr offen, leicht und frei, sodass ich das Gefühl hatte, er sei weit weg. Große Freude und Dankbarkeit stiegen in mir auf.

Als ich die Augen wieder öffnete, sah ich, dass unsere ganze Gruppe versammelt war. Alle ruhten sich aus. Über uns leuchtete eine Gletscherformation in hellem Türkis. Die Tibeter, die den Pass erreichten, sangen und feierten. Überall wurden Gebetsfahnen befestigt, aus Dankbarkeit für die Götter und Dämonen, die einen sicheren Aufstieg in gutem Wetter erlaubt hatten.

Der Abstieg und der Weg zur Milarepa-Höhle, unserer Wiedergeburt, erwiesen sich als ähnlich herausfordernd wie eine richtige Geburt. Ich hatte geplant, unser Lager am Fuß des Passes aufzuschlagen, damit wir uns nach dem Mittagessen richtig ausruhen konnten. Aber weit und breit waren weder Führer noch Träger, Yaks oder Zelte zu sehen.

Hin und wieder packte mich die Wut, während ich mit schmerzenden Beinen nach unten taumelte und mich fragte, weshalb sie nicht früher campierten oder uns informierten. Ich hörte mir die lange Beschwerdeliste meines Verstandes an, bis mir klar wurde, dass noch viel Energie in meinem System gespeichert sein musste, wenn ich so wütend zu werden vermochte. Da konnte ich über den Trick meines Verstandes lachen und ging einfach weiter. Nach einem dreizehnstündigen Trekk erreichten wir in der Dämmerung endlich das Kloster, in dem der alte tibetische Meister Milarepa jahrelang meditiert hatte. Nura hatte starke Kopfschmerzen und wir legten uns sofort hin.

Am nächsten Morgen strahlte Nura. Sie versuchte zu sprechen, aber keine Worte wollten aus ihrem Mund kommen. Kurz danach flüsterte sie: »Ich weiß, dass sein Name Bindu ist«, und zeigte auf ihren Sohn. »Dich kenne ich auch, du bist mein Geliebter, aber ich kann mich nicht an deinen Namen erinnern.« Danach zeigte sie auf Freunde aus unserer Gruppe und fragte: »Wer sind diese Leute?« Die Amnesie dauerte über zwei Stunden lang an. Später berichtete sie, dass sie sich als reines Bewusstsein erfahren hatte. Deutlich stand ihr in dem Zustand vor Augen, dass sie nicht in der Lage sei, normal zu funktionieren. Wohl nahm Nura die Antworten der Leute wahr, sie fühlte sich aber völlig losgelöst von allem und in Frieden. Wir meditierten in der Milarepa-Höhle und Nura opferte dem Schrein ihre Lieblings-Aura-Soma-Flasche. An diesem entlegenen Ort war die Präsenz des Meisters greifbar. Sie strahlte hell und segnete alle Wesen.

So schwierig der zweite Tag gewesen war, so einfach wurde der dritte Tag der Umrundung. Wir brauchten nur einen halben Tag lang für die einfache Wanderung zurück nach Darshen. Auf dem Weg trafen wir drei Tibeter, die den Berg durch Niederwerfungen umrundet hatten und sich nun auf ihrem letzten Pilgerstück befanden. Sie hatten dazu drei Wochen gebraucht und sie strahlten vor Glück. Sie erzählten freimütig von ihren Erfahrungen und von der Dankbarkeit, die sie empfanden, weil sie sich ihren tiefsten Herzenswunsch in diesem Leben erfüllt hatten. Ihre Tage waren bemerkenswert: Morgens trugen sie Zelt und Nahrungsmittel an den Punkt, den sie nach einem Tag mit Niederwerfungen erreichen würden. Danach gingen sie zurück zum Ausgangspunkt und legten die Strecke noch einmal mittels Niederwerfungen zurück. Eine Niederwerfung bedeutete, sich in voller Länge auf die Erde zu legen, Gesicht nach unten und Arme ausgestreckt vor sich. Im Liegen ritzten sie dort, wo ihre Zeigefinger hinreichten ein kleines Zeichen in die Erde. Dann standen sie auf, gingen zu diesem Zeichen und warfen sich erneut nieder. Und das taten sie mehr als drei Wochen lang: im Staub, auf Felsen, im Schnee, beim Überqueren von Flüssen – überall. Sie trugen zum Schutz eine dicke Lederschürze, die den vorderen Teil ihres Körpers bedeckte. An den Händen trugen sie eine Art hölzerner Sandalen, mit denen sie über den Boden gleiten konnten, während sie ausgestreckt auf dem Boden lagen. Unsere Pilgerreise wirkte im Vergleich dazu wie ein Kinderspiel.

In Darshen feierten wir mit einem wunderbaren Mittagessen, dass wir, befreit von Sünden, in ein neues Leben hineingeboren worden und in stets sonnigem Wetter gepilgert waren, angenommen und gewürdigt von Meister Kailash. Danach ging es weiter zum Manasarovara-See, dem weiblichen Gegenstück des Mount Kailash. Ein Bad in diesem heiligen See befreie einen vom ganzen Karma, heißt es. Dazu mussten wir erfinderisch werden, denn das Wasser des Sees war eiskalt und der raue Wind ließ Schaumkrönchen darauf tanzen. Unsere Führer bauten ein Duschzelt, heizten das heilige Wasser auf und alle genossen nach dem Eisbad eine wunderbare, warme Dusche. Lebe wohl, altes Karma!

Von hier reisten wir auf demselben Weg, den wir gekommen waren, zurück durch die Wüste. Diesmal blieben wir kaum im Sand stecken und erlebten auch keine größeren Schwierigkeiten. Wir kamen in Zangmu an, wo eine größere Lawine niedergegangen war. Hundert Meter der Straße zwischen Kathmandu und Tibet waren weit hinab in den Fluss gerutscht. Aber wir empfanden dies als eine Kleinigkeit, weil wir so glücklich über unsere vollendete Reise zum Mount Kailash waren. Wir verabschiedeten uns von unseren Fahrern und Wagen und trugen unser Gepäck über die Lawine. Auf der anderen Seite fanden wir ein Fahrzeug, das uns zur nepalesischen Grenzstadt brachte, und von dort aus nahmen wir den Bus nach Kathmandu. Im Hotel »Vajra« hieß man uns lächelnd in der Zivilisation zurück willkommen. Danke, Mount Kailash!

Neuanfang in Australien

Nachdem DB all unser Geld für die Hubschrauberrettung ausgegeben hatte, war er zum Glück so freundlich, uns Geld zu leihen, damit wir wieder nach Pune konn-

Neuanfang in Australien

ten. Ein halbes Jahr später bekamen wir die Ausgaben für den Hubschrauber von unserer Reiseversicherung erstattet und wir konnten DB sein Geld zurückzahlen.

In diesem Winter hatten Nura und ich das Gefühl, dass es langsam an der Zeit sei, Pune zu verlassen. Wir blieben noch über die Hochsaison dort und schlossen dann mit allem ab. Auf der Suche nach einer neuen Heimat hatten wir schon viele verschiedene Orte besucht und geprüft, ob sie sich als neue Basis eigneten: Kanada, Kalifornien, Hawaii, Indonesien, Italien, Griechenland und Westaustralien. Es blieb dabei, dass es uns an der australischen Ostküste am besten gefiel. Und so brachen wir auf nach Byron Bay.

In Byron Bay herrscht ewiger Sommer bei subtropischem Klima. Die Landschaft ist hügelig und es gibt Berge vulkanischen Ursprungs. Mevlana liegt nahe genug am Meer, sodass wir manchmal in der Ferne die Wellen rauschen hören. Am Geräusch der Wellen kann ich erkennen, ob sich das Surfen lohnt oder nicht. In Byron Bay gibt es fantastische Bedingungen für Surfer und herrliche Puderzuckerstrände. In Australien gedeihen vielerlei Bäume, Blumen, Früchte und Gemüse. Unser Garten war bereits nach wenigen Jahren üppig gewachsen. Was für ein gesegnetes Land!

Als wir in Australien ankamen, kauften wir einen Wohnwagen, stellten ihn unter einen großen Baum auf dem Land von Mevlana und begannen, ein Haus zu bauen. Über zehn Jahre hatten wir außerhalb des normalen sozio-ökonomischen Systems gelebt und hatten auch nicht vor, jemals wieder in ein solches einzutreten. Ich wollte nie mehr ein Geschäft führen und mich mit Dingen wie Buchhaltung, Steuern und Anstellungsverhältnissen beschäftigen. Aber ich fand mich einmal mehr ganz und gar darin eingebunden.

Jemand, der nie ein Haus gebaut hat, kann sich nur entfernt vorstellen, wie viel Arbeit damit verbunden ist. Wir planten das Haus zusammen mit unserer Baufirma selbst und trafen jeden Tag Entscheidungen. Wir hatten Glück mit unseren Arbeitern, die gewissenhaft und fähig waren. Sie wurden pro Stunde bezahlt und wir hatten nur eine grobe Schätzung, wie lange sie brauchen würden. Das hieß, dass jeder Fehler, jede Veränderung und die Entscheidungsprozesse Geld kosteten. Selbst unser großzügiges Budget reichte dafür nicht aus, und als unser Bares aufgebraucht war, waren erst zwei Drittel des Hauses fertiggestellt.

Ich hatte mir eigentlich geschworen, nie mehr Schulden zu machen, aber nun fand ich mich wieder mit einer Last von fünfzigtausend Dollar, nur um das Haus vervollständigen zu können. Gegen Ende der Bauphase wurde ich immer paranoider, was das Geldausgeben anbelangte. Mir entging die Schönheit der Entstehung und ich sah nur noch die Fehler. Jeden Tag, wenn ich den Bau betrat, fielen mir neue Mängel auf, die es zu beheben galt. Nura staunte über meinen scharfen Blick dafür. Zum Schluss hatten wir ein sehr schönes Haus und jeder, der etwas davon versteht, lobt seine exzellente Bauweise.

Die letzten Ereignisse vor dem Erwachen

Die Mevlana-Kommune wuchs, es zogen immer mehr Freunde ein und es wurde eine schöne Meditationshalle gebaut. Nura und ich organisierten regelmäßig abendliche Satsangs mit Osho-Videos und luden dazu die vielen Sannyasins aus der Gegend ein. Meistens jedoch waren wir alleine mit ein oder zwei Freunden beim Satsang, das Interesse der anderen schien nicht so groß zu sein. Die Halle wurde leider nicht genügend genutzt und brauchte großzügige Unterstützung, damit sie sich halten konnte.

Anfang 1999 gab Vartman, ein junger Osho-Sannyasin, Satsang in Byron Bay. Monatelang zog er täglich rund 150 Menschen an, die meisten davon Osho-Sannyasins. In Mevlana berieten wir, ob wir ihn fragen sollten, seine Treffen in unserer Halle abzuhalten. Ich wurde dazu bestimmt, mir ein Bild von ihm zu machen und ihn dann eventuell zu uns einzuladen. Aber das widerstrebte mir, denn ich hatte große Vorurteile über jemanden, der Satsangs gab, weil das bedeutete, dass er sich selbst als erleuchtet bezeichnete. Ich hatte kein Interesse an einem anderen Meister und es fiel mir sehr schwer zu glauben, Vartman sei erleuchtet. Trotzdem fand ich es faszinierend, dass solch ein junger Mann in der Lage war, Menschen anzuziehen, nachdem er lediglich an einer Satori-Gruppe in Pune teilgenommen hatte. Und diese Menschen hatten davor alle Abend für Abend mit Osho gesessen. Vielleicht war er tatsächlich erwacht? Für mich erschien die Erleuchtung unerreichbar.

Und so ging ich zu Vartmans Satsang. Von Beginn an fiel ich in eine tiefe Stille. Während er sprach, nahm ich ihn als einen aufrechten Mann wahr, der die Wahrheit sprach. Er saß auf einem Sofa und hatte ein kleines Tischchen neben sich. Darauf standen Blumen und große Fotos von Dolano, Papaji, Gangaji und Ramana Maharshi. Oshos Bild sah ich in dieser Sammlung nicht. Ich meldete mich für eine Frage und wurde eingeladen, auf dem Sofa Platz zu nehmen.

Ich konfrontierte ihn mit meiner Frage, weshalb er kein Bild von Osho auf dem Tischchen stehen hatte. Da fasste er hinter die Blumen und holte ein kleines Bild von Osho hervor. Aber ich war noch nicht zufrieden und bohrte weiter: »Warum ist dieses Bild so klein?« Teile meiner aufgeblasenen Selbstgerechtigkeit hatten bereits kapituliert und ich versuchte verzweifelt, sie wieder aufzupumpen. Vartman hielt mir das Foto von Osho hin und sagte: »Schau ihn jetzt an!« Dann drehte er das Bild um und sagte: »Das ist deine letzte Hürde. Lass ihn los!« Er war entspannt und unaufgeregt, und trotz meines schreienden Verstandes machten seine Worte Sinn. Er war sehr schlicht und präsent und ich spürte, dass er etwas gesehen hatte, was mir entgangen war. Danach lud ich ihn ein, bei uns in Mevlana Satsang zu geben.

Dann kam Gangaji nach Byron Bay. Ich ging zu ihr nach vorne: »Jetzt will ich wirklich den Unterschied sehen. Was du sagst und was ich den Leuten in meinen Kursen sage, ist genau dasselbe. Warum bist du erwacht und ich schlafe? Was macht den Unterschied aus?«

»Wem fällt dies auf«, fragte sie. Ich hörte mich antworten: »In diesem Moment sind all diese Fragen völlig irrelevant.« Daraufhin lachten wir minutenlang.

Nach dem Satsang kamen Freunde zu mir und stellten fest: »Rahasya, jetzt hast du's!« Aber ich meinte nur: »Ich habe gar nichts verstanden und bin derselbe wie zuvor!«

Aus der Sicht meines Verstandes hatte ich meinen Meister bereits betrogen, als ich mit Vartman gesessen hatte – und nun saß ich auch noch mit Gangaji. Aber nun war ich entbrannt mit meiner Frage, weshalb ich nicht erleuchtet war, und nichts konnte mich davon abhalten, ihr Retreat mitzumachen. Als ich Osho sagen hörte: »Triffst du Buddha unterwegs, so töte ihn«, klang das in meinen pazifistischen Ohren zu drastisch und gewalttätig. Nun aber konnte ich das verstehen. Es war jedoch nicht so, dass ich den Buddha tötete, sondern der Buddha tötete mich!

Dann fand ich heraus, dass ich »den Meister umbringen« und die Meister-Projektion nur einen Moment lang loslassen musste. Nachdem meine Anhaftung und das ganze Paket meiner Sannyaspersönlichkeit losgelassen waren, flossen meine Liebe und Dankbarkeit für Osho in voller Kraft zu mir zurück.

Etwas später fiel mir Oshos Buch »The Sword and the Lotus«[*] in die Hände. Darin sagt er:

Der Meister kann als Freund immens hilfreich sein, aber der Meister sollte nicht zum Besitzer werden. Er sollte keine Unterwerfung verlangen. Die Hingabe sollte für die ganze Existenz gelten und nicht lediglich für ein Individuum. Deshalb bestehe ich darauf, dass du dich nicht an mich heftest. Du solltest mir gegenüber in keiner Weise gehorsam sein. Du sollst dich mir nicht unterwerfen und du hast keinerlei Verpflichtung mir gegenüber. Du kannst die Hilfe annehmen, aber die Schönheit der Hilfe ist, dass sie nicht bindend ist. Du kannst meine Hilfe annehmen und du kannst gleichzeitig auch die Hilfe von anderen annehmen. Es gibt keine Verpflichtung dabei. Du kannst Hilfe von überall annehmen. Wieso solltest du nur einer Person anhaften? Du solltest dich für alle Weisen um dich herum öffnen, von wo auch immer ein Lichtstrahl auf dich scheint. Wenn es zur Wahrheit führt, wenn es dich freier, unabhängiger, vollkommener macht, und wenn es dir hilft, mehr zu einem Individuum zu werden, stabil wie ein Felsen zu werden, dann bist du absolut frei, jegliche Hilfe anzunehmen, die sich dir bietet.

Ein wahrer Freund kann dich nicht zu einem Sklaven machen. Er kann dir nicht sagen: ›Du darfst einzig meine Hilfe annehmen.‹ Wenn er ein wahrer Freund ist, dann wird er sagen: ›Du musst lernen, Weisheit und Ratschläge anzunehmen – wo auch immer sie herkommen.‹

---

[*] Osho, The Sword and the Lotus. Talks in the Himalayas. Talks Given to the Rajneesh Mystery School in Kathmandu, Nepal, January to February 1986, Köln 1989.

Und Hilfe ist absolut notwendig. Denke daran, dass ich nicht zu einer Fessel für dich werden möchte. Ich möchte, dass du dich an mich erinnerst als einen Freiheitsspender und nicht als jemanden, der dich zum Sklaven gemacht hat. Geh dahin, wo du das Gefühl hast, dass dein Durst gelöscht wird, dein Herz zu tanzen beginnt, du dich in Richtung eines schöneren Zustandes bewegst – und geh ohne Zögern.

Du kannst viele Freunde haben. Du stehst auf eigenen Füßen und du musst mit deiner eigenen Energie gehen. Du musst durch deine eigenen Augen sehen und mit deinem eigenen Wesen erfahren. Auch auf dem richtigen Weg gibt es so viele Stolperfallen, so viele Gelegenheiten steckenzubleiben. Es braucht jemanden, der den Weg schon gegangen ist. Jemand, der gereist ist, kann eine große Hilfe sein. Schäme dich nicht, Hilfe anzunehmen – woher sie auch immer kommen mag. Sei demütig, bereit und offen. Statt bei einer Person in Gefangenschaft zu geraten, ist es besser, offen für alle Weisen der Welt zu sein – ob lebend oder bereits tot. Sie zeigen alle auf dieselbe Wahrheit, denn es gibt nicht viele Wahrheiten. Es gibt nur eine.

Es gibt Tausende von Fingern, die alle auf denselben Mond zeigen. Hafte nicht dem Finger an, denn der Finger ist nicht der Mond. Vergiss den Finger, schau auf den Mond und bewege dich in die Richtung des Mondes.

DIALOG MIT RAMESH BALSEKAR

Im Frühjahr 2000 reisten Nura und ich für ein paar Wochen nach Indien. Wir besuchten den Ashram von Ramana Maharshi in Tiruvanamalai und verbrachten ganze Tage damit, in seiner Höhle am Fuße des heiligen Bergs Arunachala zu sitzen. Wir tranken die Stille und gingen in der greifbaren Präsenz dieses Weisen auf, der seinen Körper im Jahr 1950 verlassen hatte. Lebendig wurde er wieder durch Poonjaji in Lucknow und Ramesh Balsekar in Mumbai.

Wir beschlossen kurzerhand, Ramesh zu besuchen. Er war zu dem Zeitpunkt bereits 83 Jahre alt und lebte in einem wunderschönen, fünfstöckigen Gebäude in Breach Candy, einer feinen Gegend in Mumbai. Dort sprach er jeden Morgen für eineinhalb Stunden. Um einen Platz im Raum zu ergattern, in dem er sprach, musste man schneller die fünf Treppen hochkommen als die anderen. Die Zuhörer, die es nicht in diesen Raum schafften, saßen in seinem Wohnzimmer und hörten ihn über Lautsprecher. Ich wurde zu einem Gespräch mit ihm eingeladen.

Wie heißt du?
Mein Name ist Rahasya.
Weißt du, was Rahasya bedeutet?
Ja, es bedeutet »Geheimnis«.
Aus welcher Ecke der Welt kommst du, Rahasya?

Ich stamme ursprünglich aus Deutschland.

Aha, aber dein Englisch ist gut.

Ja, ich lebe jetzt in Australien.

Aha, dieses Geheimnis wäre nun also gelüftet. (Gelächter)

Letzten April geschah etwas mit mir, ich hatte ein Erlebnis des Erwachens. Seitdem gibt es ein unterschwelliges Wissen, dass es kein ›Ich‹ gibt und ein großes Freiheitsgefühl.

Wie lange hielt das Erlebnis an, Rahasya?

Das Erlebnis war, wie wenn sich ein Vorhang hebt: Alles was ich sehe, bin ich, und es gibt keine Trennung. Diese Erfahrung ist zwar im Moment nicht da, aber das Wissen darum ist seitdem geblieben.

Meinst du eine Erinnerung an dieses Erlebnis?

Nein, ich meine ein Gefühl von Sein, das Teil von allem ist.

Weißt du, wie ich das nenne? Eine Gratisprobepackung, die du bekommst. Du nimmst dir diese Probepackung nicht selbst. Die Quelle gibt sie dir.

Ja, sie wurde mir wirklich gegeben.

Sonst könntest du das ja jedes Mal haben.

Ja, das ist wahr.

Es kam also durch die Gnade der Quelle zu dir.

Ja, da war ein großartiges Freiheitsgefühl im Inneren.

Ja. Nun, Rahasya, woher kommt diese Freiheit? Hast du jemals darüber nachgedacht?

Wenn ich mich bemühe und danach suche, dann ist sie nicht da.

Genau. Einige Meister haben das gesagt. Der Schüler kommt und sagt: ›Das Einzige, was ich will, ist, dass mein Ego zerstört wird.‹ Darauf antwortet der Meister: ›Das ist einfach. Lass es uns finden und dann in Stücke schlagen.‹ Siehst du, das Ego ist eine Fiktion. Der denkende Verstand, der etwas begehrt, etwas will und denkt, er habe erreicht, was er will – all das, was der denkende Verstand ist, ist das Ego, was Rahasya ist. Sind wir einverstanden, dass dieses Ego zerstört werden muss?

Nein, es muss nur wahrgenommen werden als etwas, was nicht existiert.

Nun, wer nimmt dies wahr?

Das Bewusstsein.

Das Ego muss erkennen, dass es tatsächlich nicht existiert! Und meine Definition von Ego ist nicht bloß die Identifikation mit einem Körper-Geist-Organismus, der einen Namen trägt. Meine Definition von Ego – ›Ich kann alles erreichen, was ich will!‹ – ist die Idee des Handelnden.

Wenn der Meister sagt: ›Selbstrealisierung bedeutet Annullierung des Egos‹, dann fürchtet sich das Ego und denkt: ›Ich will keine Selbstrealisierung, wenn das bedeutet, dass ich annulliert werde!‹ Deshalb sagten viele, dass das Gefühl der Unabhängigkeit, das auf dem Spiel steht, begleitet wird von einem Gefühl der Hilflosigkeit.

Ja, völlige Hilflosigkeit.

Es ist das Ego, das hilflos ist. Es möchte nicht sterben. Der Widerstand gegen die Selbstrealisierung kommt vom Ego und es verhindert dadurch das Geschehen des ganzen Erlebnisses. Das Ego sagt: ›Ich habe gehört, dass Selbstrealisierung meine Annullierung bedeutet, aber ich möchte nicht sterben.‹ Aus diesem Grund fürchtet sich das Ego und bietet der Selbstrealisierung Widerstand.

Deshalb, Rahasya, sage ich dem Ego: ›Du wirst nicht sterben. Du musst solange leben, wie der Körper-Geist-Organismus am Leben ist. Und ohne die Idee der persönlichen Handlungsfreiheit wirst du nicht nur leben, sondern ein wundervoll freies und leichtes Leben führen.‹

Auch nach der Selbstrealisierung muss die Identifikation mit einem Namen und einer Form weitergehen, sodass der Körper-Geist-Organismus während seiner ihm zugeteilten Lebensspanne leben kann. Das Ego kann das Leben auch ohne die Idee von persönlicher Handlungsfreiheit leben – und zwar ein viel einfacheres Leben. Was durch die Selbstrealisierung zerstört wird, ist die Idee der persönlichen Handlungsfreiheit – das ist alles. Ansonsten ändert sich nichts. Das Leben ist weiterhin das, was es in Übereinstimmung mit dem Willen der Quelle und dem persönlichen Schicksal dieses Körper-Geist-Organismus war.

Ein Weiser versteht, dass die Grundlage des Lebens aus miteinander verbundenen Gegensätzen besteht. Während er am Leben teilnimmt, akzeptiert er, dass der Körper-Geist-Organismus manchmal Schmerz und manchmal Genuss ertragen muss. Der Heilige akzeptiert die Dualität, wohingegen der gewöhnliche Mensch in der Dualität und deshalb im Unglück lebt.

Die Dualität annehmen heißt, im Hier und Jetzt zu leben, das Leben zu genießen wie es kommt. Der gewöhnliche Mensch lebt in der Dualität und will immer nur glücklich sein, was schlicht unmöglich ist. Die Grundlage für die Selbstrealisierung ist die Akzeptanz, dass es keine persönliche Handlungsfreiheit gibt. Buddha sagt: ›Ereignisse geschehen, Taten werden getan, aber es gibt dabei keinen individuellen Handelnden.‹

Dazu habe ich eine Frage. Ich bin zwanzig Jahre bei Osho gewesen ...

Dann hat Osho dir also den Namen gegeben, der ›Geheimnis‹ bedeutet?

Ja, und ich habe ihn sagen hören, dass Erleuchtung dann stattfindet, wenn kein Gedanke in deinem Bewusstsein auftaucht. Nach meinem Erwachungserlebnis ist mir bewusst, dass Gedanken geschehen, aber ich nicht der Denkende bin. Sie geschehen einfach. Wie ist deine Erfahrung der Erleuchtung?

Dasselbe. Es gibt keinen individuellen Handelnden.

Geschehen Gedanken?

Sagst du mir jetzt, dass bei Osho keine Gedanken auftauchten?

Während er sprach, sind bestimmt Gedanken aufgetaucht. Aber ich habe ihn sagen hören: Wenn er nicht spreche, würden auch keine Gedanken auftauchen.

Was er wahrscheinlich gemeint hat und was du möglicherweise missverstanden hast, war, dass Gedanken auftauchten, aber es keinen Osho gab, der das Denken tat.

Das kann ich mit meinem Inneren verstehen.

Weißt du, es gab keinen individuellen Osho, der das Denken tat. Gedanken kamen und er war der Beobachter. Der arbeitende Verstand arbeitete an einer Aufgabe. Während er sprach, geschah das Sprechen.

Ich reise viel und mir fällt auf, dass in unterschiedlichen Ländern unterschiedliche Gedanken auftauchen, weil sich die kollektive Gedankenenergie von Land zu Land unterscheidet. Das macht es offensichtlich, dass es nicht meine Gedanken sind.

Das ist es! Denken geschieht, aber es gibt keinen individuellen Denker. Tun geschieht, aber es gibt keinen individuellen Täter. Erfahren geschieht, aber es gibt keinen individuellen Erfahrenden.

Das ist eine große Erleichterung.

Das bedeuten die Worte von Lord Buddha: ›Ereignisse geschehen, Taten werden getan, aber es gibt dabei keinen individuellen Handelnden.‹

Nach Rameshs Vortrag sangen die Versammelten Bajans. Das sind andächtige Lieder mit tiefer Bedeutung zur Lobpreisung des Einen. Ich mochte diese Lieder schon immer. Sie sind ein Teil der indischen Art, die eigene Dankbarkeit mit der Existenz zu teilen. Es schien keine Eile zu geben, die Wohnung zu verlassen. Die Leute sprachen miteinander und Ramesh mischte sich unter die Zuhörer. Es war schön zu sehen, dass ein Meister von solcher Tiefe gleichzeitig auch so normal sein konnte.

Ramesh erschuf das so hilfreiche Konzept des denkenden und arbeitenden Geistes. Der *denkende* Geist bewegt sich horizontal von der Vergangenheit zur Zukunft und zurück. Dabei kreiert er unendliche Geschichten von Bedauern, Ängsten, Schuld, Sorgen und Hoffnung. Er ist der Teil des Verstandes, der die Wirklichkeit interpretieren und sie in »gut« und »schlecht«, »richtig« und »falsch« einteilen möchte. In der Selbstrealisierung ist die Anhaftung an den denkenden Verstand gebrochen, bis dieser allmählich seinen Zugriff verliert und verblasst.

Der *arbeitende* Geist ist der Teil des Verstandes, der praktisch und intelligent auf eine Situation antwortet. Er hat Zugang zu den Ressourcen, den Hilfsmitteln, die in diesem Leben gelernt wurden. Er weiß, wie man ein Auto fährt, Essen zubereitet und Dinge tut. Es ist der Teil des Verstandes, der nach der Selbstrealisierung übrig bleibt. Er wird sogar noch viel klarer und effektiver nach dem Erwachen.

Treffen mit einem Roshi

Im Jahr 2001, während einer meiner zahlreichen Besuche in Japan, hatte ich die Ehre, den Zen-Meister Harada Roshi im Tempel von Sogenji in Okayama zu treffen. Als ich durch das Tor trat, betrat ich die Welt des uralten, lebendigen Zen. Im

Gegensatz zu den meisten der wunderschönen Schreine, die ich in Kyoto besucht hatte, waren in diesem hier der Geist, der Friede und die Freude lebendig.

Ich fand mich in einem Buddhafeld wieder. Vierzig meist ausländische Mönche und Nonnen lebten und meditierten hier. Ihr strenger Tagesablauf begann morgens um vier Uhr mit Zazen. Wir wurden von einem australischen Mönch durch die Tempelanlagen geführt. Jeder Winkel des Gartens sah aus wie aus einem japanischen Bilderbuch.

An jenem Tag war Harada Roshi nicht zu sprechen, aber wir hatten die Ehre, vom früheren Abt eingeladen zu werden. Er hatte den verfallenen Tempel nach dem Krieg wieder aufgebaut und war bereits über neunzig Jahre alt. Meistens war seine Gesundheit nicht so gut, dass er Gäste empfangen konnte. An diesem Tag jedoch strahlte er.

In seinem Besitz befanden sich geheiligte Schätze wie Originalkaligrafien von Rinzai und Hakuin und einige Teezeremonieschalen aus der Zeit von Hakuin. Der alte Mann war ein Meister der Teezeremonie. Er bereitete den Tee auf eine höchst liebevolle Art und Weise zu und reichte ihn dann seinen Gästen. Er war die lebendige Lehre in Präsenz, Achtsamkeit, Einfachheit, Unschuld, Spontaneität und Anmut. Gleichzeitig war er wie ein Kind, erzählte Geschichten und kicherte dabei.

Am nächsten Tag traf ich Harada Roshi. Es wurde eine schlichte und zugleich tiefschürfende Begegnung. Seine klaren und lebendigen Augen rührten mich zu Tränen. Ich fragte ihn: »Meinst du, dass ein solch diszipliniertes Leben nötig ist, um zu erwachen? Mein Verständnis ist, dass Erwachen überall geschehen kann, gleichgültig, wie man sein Leben lebt.« Da lächelte er und sagte: »Ja, all die Stunden der Meditation dienen einem einzigen Zweck: Dass du für einen Moment lang, zufällig, wenn du völlig ungeschützt bist, in einen Zustand des Nichtdenkens kommst. In dieser Lücke enthüllt sich die Wirklichkeit.«

THERAPIE ALS KUNST DES SEINS

Nach dem Erwachen durchlief meine Arbeit als Berater und Lehrer grundlegende Veränderungen. Seitdem versuche ich nicht mehr, den Verstandesinhalt der Menschen zu verändern. Ich versuche nicht länger, neue Strategien für sie zu finden, damit sie besser mit ihren Problemen umgehen können. Ich lege meine Betonung nicht länger auf emotionale Klärung. Ich arbeite direkt mit der Bewusstheit und helfe den Menschen dabei, einen Einblick in ihre eigene Vollkommenheit zu bekommen. So verschwindet die Identifikation mit dem Falschen, neue Quellen erschließen sich und das Wohlbefinden stellt sich auf natürliche Weise ein.

Nach einer guten emotionalen Klärung fühlen wir uns besser. Die Klärung schafft eine kleine Lücke, bis wir diese wieder aufgefüllt haben. Die Therapie bleibt jedoch eine

Reise ohne Ende, solange wir im Rahmen unseres Verstandes bleiben. Psychoanalyse oder Primärtherapie kann man auf ewig weiterführen. Man kann auch auf ewig an seinen emotionalen Traumen arbeiten, aber es wird immer ein weiteres geben.

Gefühle und Emotionen kommen und gehen – genau wie Gedanken. In dem Moment, in dem ich sie zu meinen eigenen mache, personalisiere ich sie. Ich hefte mich an sie und erschaffe damit ein Problemumfeld. Ich bin der Ansicht, dass ein positives Gefühl bleiben muss und ein negatives Gefühl verschwinden sollte. Und das ist das ganze Dilemma.

Wenn ich jedoch verstehe, dass Gefühle kommen und gehen, versuche ich nicht, das Gefühl zu verändern. Ich bringe meine Aufmerksamkeit dahin, wo das Gefühl entspringt und wohin es auch wieder zurückkehren wird. In diesem Bewusstsein verfliegt das Leiden. Ich bin sehr dankbar für das, was ich bisher über den psychologischen Aspekt und das Funktionieren des Körper-Geistes gelernt habe. Nun sehe ich nicht mehr mit den Augen des Therapeuten, der lediglich Fälle mit psychologischem Ungleichgewicht zu erkennen glaubt. Jetzt sehe ich überall Buddhas. Ich sehe das ursprüngliche Gesicht, das wahre Wesen unter den psychologischen Schichten. Meine einzige Herausforderung ist jetzt, eine Tür zu finden und die Person, mit der ich arbeite, direkt dahin zu führen, den Buddha im Inneren zu erkennen. Mit dieser Erkenntnis kommt die Entspannung. Nichts weiter muss geschehen. Und so wurde Therapie zur Kunst des Seins.

Diese Kunst des Seins ist ansteckend. Einmal hatte ich eine Sitzung mit jemandem, der eine Liste mit seinen Problemen mitbrachte. Früher wäre eine bis anderthalb Stunden harter Arbeit nötig gewesen, diese Liste mit dem Klienten durchzuarbeiten. Nun war aber bereits nach zehn Minuten das scheinbare Problem als das erkannt, was es ist – und war damit verschwunden. Den Rest der Sitzung verbrachten wir damit, das Verständnis für Präsenz und Sein zu vertiefen.

Wenn ich jetzt mit Menschen arbeite, fühlt sich das nicht mehr wie Arbeit an. Ich schenke dem, was ist, liebevolle Aufmerksamkeit. In dieser liebevollen Aufmerksamkeit verschwinden Illusionen, sogar wenn es sich um sehr schmerzhafte Geschichten aus der Vergangenheit handelt. Früher habe ich mich sehr für diese Geschichten interessiert. Ich glaubte, dass sich die Menschen nur dann öffnen können, wenn sie davor durch die Tiefen gegangen sind und ihre Geschichten lösen konnten.

Mittlerweile finde ich das Drama ziemlich uninteressant. Es dient lediglich als guter Ausgangspunkt, um darüber hinauszugehen. Wenn das Trauma im Hier und Jetzt konfrontiert wird, dann ist es wirklich erstaunlich zu sehen, wie das, was tiefes Leiden und Schmerz war, sich in einem einzigen Augenblick auflöst – puff! Zu erkennen was ist, ohne Haltung dafür oder dagegen, ohne Widerstand, ist Freiheit. Liebevolle Präsenz ist ein unglaublicher Katalysator. Es gab eine große Verschiebung in der Art und Weise, wie die Arbeit geschieht. Ich sehe keine Probleme mehr – nirgendwo. Alles ist bereits vollkommen, auch das Leid eines Menschen.

Nach dem Erwachen dachte ich zuerst, dass ich nie wieder zur Psychotherapie und zum Inhalt des Verstandes würde zurückkehren können. Später wurde mir klar, dass es sehr wohl möglich war, den Inhalt des Verstandes als Eintrittspunkt ins Bewusstsein zu nutzen. In all meinen Kursen und Gruppen verlagerte sich der Fokus vom Inhalt zum Behältnis – dem Bewusstsein. Bewusstsein ist alles, was da ist, und das Erkennen dieser einfachen Wahrheit ist Befreiung.

Dieser Köper-Verstand weiß, wie Beratung geht. Es hat sich einfach die Sichtweise verändert. Ich übe weiterhin meine Arbeit aus und lehre die Leute, wie sie durch verschiedene Eintrittspforten zu ihrem inneren Zentrum jenseits des Verstandes gelangen können.

Satsang und Meditationsretreats machen mittlerweile einen Großteil meines Angebots aus. Ich fühle mich unendlich gesegnet, dass ich Menschen auf ihrer Reise zum Erwachen begleiten darf.

Osho hat uns gut vorbereitet. In »Die goldene Zukunft«* sagt er:

Ihr werdet nicht nur alle erleuchtet werden; ihr werdet alle Meister werden. Nicht alle Erleuchteten werden auch Meister. Aber ich kann mit Sicherheit sagen, dass meine Leute, wenn sie einmal erleuchtet sind, zu Meistern werden, und zwar aus dem einfachen Grund, dass ich euch darauf vorbereitet habe, die Botschaft zu übermitteln. Ich gebe euch alle Hilfsmittel, wie man Brücken baut zwischen euch und denen, die blind sind, und wie man Worte findet, die zumindest einen Hinweis auf eure Erfahrung geben können.

Ich habe fast fünfunddreißig Jahre lang zweimal täglich zu euch gesprochen. Und meine tiefste Sehnsucht ist die Erleuchtung – ein sehr normales, einfaches und unschuldiges Erlebnis, nichts Spezielles, nichts Allerheiliges, sondern demütig, nichts vorspiegelnd, nicht die Spiritualität für sich in Anspruch nehmend ... sondern einfach freudvoll und voller Licht, leuchtend vor Freude, überfließend vor Liebe, bereit, deine Erfahrungen auf jede dir mögliche Art zu teilen.

ONENESS BLESSINGS – DEEKSHA

Im März 2005 besuchten Nura und ich die Oneness University in Golden City nahe Chennai in Indien. Wir hatten auf einem spirituellen Festival in Aengsbacka in Schweden, wo Anette Carlström und Freddy Nilsson »Deeksha« gaben, davon gehört. Deeksha – auch Oneness Deeksha genannt – ist eine Energieübertragung, die den Samen für das Oneness-Bewusstsein oder die Erleuchtung sät. Wir hörten, dass

---

* Osho, The Golden Future, Köln 1988.

Deeksha durch die Gnade von Amma und Bhagavan gegeben wird. Sie sind beide Avatare für Erleuchtung mit der Vision des globalen Erwachens für diesen Planeten.

Anette und Freddy gaben auf diesem Festival etwa eintausend Menschen Deeksha. Obwohl wir uns nicht anstellen mochten, um die Energieübertragung zu empfangen, spürten wir beide, dass etwas wirklich Schönes und Tiefes geschah. Als wir ein Bild von Amma und Bhagavan sahen, hatten wir das Gefühl, dass diese beiden Wesen den höchsten Aspekt der männlich-weiblichen Einweihung repräsentieren, der derzeit auf der Erde präsent ist. Wir spürten, dass wir dort einmal zu Besuch sein würden, wenn es unser Zeitplan erlaubt.

Diese Zeit kam früher als wir dachten. Zurück in Australien, erhielten wir von einem Freund die Anfrage, ob wir bei uns Platz für einen Deeksha-Event mit Lisa und Pasquo, einem Paar aus Melbourne, hätten. Deeksha wurde uns also direkt ins Haus gebracht. Eine Gruppe Freunde kam für zwei Tage zusammen, um die Segnungen dieser Veranstaltung zu empfangen. Anfänglich stand unser Verstand dem Ansatz, dass Erleuchtung durch eine Energieübertragung möglich sein sollte, sehr skeptisch gegenüber. Wir hatten bereits so viele Segnungen von unserem geliebten Meister Osho bekommen und verstanden, dass alle Erfahrungen im Licht des Bewusstseins kommen und gehen. Wohin sollten wir von da aus gehen? Wir suchten ganz bestimmt nicht nach einem neuen spirituellen Höhenflug. Und doch öffnete sich etwas in diesen zwei Tagen und zeigte uns trotz allem, dass uns der Fluss klar nach Indien trägt. Weil unser Zeitplan sehr voll war und ein 21-Tage-Prozess nicht unterzubringen war, wurden wir zu einem 16-tägigen individuellen Prozess nach Golden City eingeladen. Das sollte sich als eine unerwartete Segnung herausstellen. Einige Wochen später saßen wir im Flugzeug nach Chennai. Indien hatte uns wieder.

An der Oneness University – Ein Bericht von Nura

Das Hotel »Zuflucht« ist ein typisch indisches Mittelklassehotel. Aber durch den warmen und freundlichen Empfang des Personals und den Geschmack des ersten Masala Dosas fühlten wir uns sehr willkommen in unserer ersten Nacht in Südindien. Am nächsten Tag wurden wir in einem großen Bus direkt nach Golden City gebracht – zusammen mit vielen australischen Besuchern, die für den 21-Tage-Prozess angereist waren. Einige Kilometer vor unserem Ziel fühlte es sich an, als ob wir in eine andere Dimension eintraten, wie durch einen unsichtbaren Vorhang in ein Shangri-La. Diese andere Atmosphäre war regelrecht mit Händen zu greifen.

An der schmutzigen Straße standen Schilder, die auf die Campusgelände für die verschiedenen Veranstaltungen hinwiesen. Der 21-Tage-Prozess wurde in ›Golden City 2‹

abgehalten – einem Campus mit zwei großen Gebäudekomplexen, die jeweils dreihundert Studenten aufnehmen konnten. Wir waren darauf vorbereitet, die beiden nächsten Wochen getrennt voneinander zu verbringen, so wie es die Regel vor Ort vorschrieb: Frauen und Männer in getrennten Schlafsälen. Doch zu unserer Überraschung wurden wir direkt nach ›Anandaloka 3‹ gebracht, dem Campus, in welchem Bhagavan residierte. Dort bekamen wir ein schönes Doppelzimmer in einem Haus zugewiesen, das in einem alten Mangohain stand. An diesem ersten Abend wurden wir unserem Guide Pragyanandaji vorgestellt, der zu einem liebevollen und vertrauten Freund und Unterstützer während unseres Prozesses wurde.

Am nächsten Tag trafen wir Bhagavan zum ersten Mal. Er hatte Geburtstag und viele Hundert Menschen hatten sich auf dem Rasen versammelt, um in seiner Präsenz zu feiern. Rahasya und ich saßen mit ein paar Freunden unter einem Mangobaum, von wo aus wir die Bühne und das farbenfrohe Geschehen um uns herum beobachten konnten. Es waren bewegende Momente, als Schüler und Freunde hingebungsvolle Lieder sangen und ihr ganzes Herz und ihre Seele in diesen weihevollen Moment legten. Erinnerungen an die Zeit mit meinem geliebten Meister Osho stiegen in mir auf – und Tränen rannen über meine Wangen. Es schmerzte, eine Vergangenheit loszulassen, die nicht wiederholt werden kann, doch blieb ich in der Fülle tiefer Dankbarkeit zurück. Es war klar, dass ich nicht für eine weitere Meister-Schüler-Beziehung hierher gekommen war, und doch war ich tief berührt von der göttlichen Präsenz Bhagavans.

›Ich bin du … ich bin tatsächlich nichts anderes als du. Das ist die einzige Möglichkeit für mich, meine Arbeit zu tun. Meine Arbeit besteht darin, der Menschheit zu helfen, erleuchtet zu werden‹. Das war Bhagavans Antwort, als ihn jemand fragte: ›Wer bist du, Bhagavan?‹ Es fühlte sich für mich so an, als ob das Maitreya-Bewusstsein spricht und sein Versprechen einlöst, die Welt zum Erwachen zu bringen. Buddhas Prophezeihung war, dass er als Maitreya, als der Freund, wiedergeboren wird und der Menschheit hilft zu erwachen.

Jemand anderer fragte ihn, wie es kommt, dass er wisse, er sei Gott. Bhagavan erzählte, dass seine Mutter immer das starke Gefühl hatte, Krishna lebe in ihrem Herzen. Als sie mit fünfzehn schwanger wurde, verschwand der Krishna aus ihrem Herzen und verlagerte sich hinunter in ihren Bauch. Da wusste sie, dass sie Gott in ihrer Gebärmutter trug. Der kleine Bhagavan wusste also bereits in der Gebärmutter, dass er Gott ist. Und dieses Wissen hat weder ihn noch seine Mutter je verlassen. Als Kind erklärte er entgegen der Skepsis seines Vaters, der einen Beweis wollte, wiederholt, dass er Gott ist. Diesen Beweis konnte der kleine Bhagavan jedoch nie erbringen. Nach der Pubertät erwachten seine Kräfte und viele Menschen erfuhren in seiner Präsenz Heilung und Erwachen. Auf die Frage: ›Bhagavan, wie hat dein Vater reagiert, als deine Kräfte erwachten?‹, antwortete er nüchtern: ›Mein Vater war so glücklich, dass er starb.‹ Das ist eine sehr nette Geschichte mit einer indischen Note. Nach diesem Abend waren wir bewegt und dankbar und hatten das Gefühl, zur richtigen Zeit am richtigen Ort zu sein.

Unser Prozess begann am 8. März, meinem fünfundzwanzigsten Sannyas-Geburtstag. Unsere Tage dort waren wie folgt strukturiert: Wir sahen zunächst ein Video von Bhagavan mit einigen einfachen Lehren, die anschließend ausgearbeitet wurden; zuerst anhand der Fragen eines Schülers, und zwar solcher Fragen, die für das Herz eines Suchers von Bedeutung sind. Dann kommentierten zwei Guides – Samadarshiniji und Anandagiriji – diese Fragen. Die Videos boten ein tiefes, klares und einfaches Verständnis der menschlichen Psyche und Spiritualität. Sie reflektierten die spirituellen Lehren, mit denen die meisten von uns vertraut sind. Danach gingen wir auf unsere Zimmer, legten uns aufs Bett und sollten die Deeksha-Energie rufen, um die direkte Erfahrung der Lehren zu empfangen. Bei diesem Prozess liegt die Betonung auf der Erfahrung, denn die alten Lehren sind ohne Wert, wenn wir ihre Wahrheit nicht in uns selbst erfahren.

Die ersten Tage wurden ›Samskara Shruddhi‹ genannt. Dabei ging es um die Klärung von Themen aus der Vergangenheit, um das Entdecken der Zentriertheit in uns selbst sowie um die bedingungslose Akzeptanz aller Aspekte des Selbst und wie wir uns dafür öffnen können.

Der zweite Teil wurde ›Ausleeren‹ oder Erleuchtungsprozess genannt und zielte auf die Entdeckung, dass das Selbst in Wirklichkeit nicht existiert. Wir erfuhren uns jenseits der Reflexionen des Verstandes und fühlten, wie unsere Sinne von Gedanken gereinigt wurden.

Die letzte Phase trug den Namen ›Gottesverwirklichung‹. Sie bestand aus der Erfahrung, wie das Selbst verschwindet und wir der göttlichen Präsenz erlauben zu übernehmen.

Die meisten Lehren waren nicht neu, und doch war die lebendige Erfahrung davon rein und ursprünglich. Sie führten uns in Räume von tiefster Akzeptanz und Hingabe, Entspannung, Vertrauen und veränderten Bewusstseinszuständen.

Jeden Morgen gingen wir entlang eines Kanals in den nahen Hügeln spazieren und vertieften die Erfahrungen in der Reinheit der Natur. Jeder Tag ließ uns die Segnungen von Deeksha und die Leichtigkeit des Hierseins schmecken.

Unser Guide besuchte uns regelmäßig und wir teilten unsere Erfahrungen mit ihm – so gut das Unaussprechliche mit Worten beschrieben werden kann. Er unternahm Fahrten mit uns, um uns die vielen Projekte der Oneness University und die großartige Natur rund um die verschiedenen Campusgelände zu zeigen. Es wurde beispielsweise an einem riesigen Tempel gebaut, der einmal achttausend erleuchteten Menschen Platz bieten sollte, um vierundzwanzig Stunden am Tag zu meditieren und den Bewusstseinsstand der Welt zu heben. Die Konstruktion wurde mit großer Sorgfalt ausgeführt und berücksichtigte die heilige Geometrie und altes geomantisches Wissen. Der Tempel von Golden City mutete gleichzeitig futuristisch und uralt an. Einzig das Taj Mahal, die Tempel von Luxor und die ägyptischen Pyramiden sind vergleichbar mit der Unermesslichkeit dieses Tempels der Erleuchtung.

An unserem letzten Tag hatten wir ein privates Treffen mit Bhagavan – ein gesegnetes und auch ganz gewöhnliches Erlebnis. Es war wie das Treffen mit einem alten Freund, mit dem man sich nach Herzenslust austauscht. Wir erkannten, dass hier Ströme aus allen Religionen zusammenfließen, um sich an diese eine lebendige Essenz aller Wesen zu erinnern – die erleuchtete Seele.

Kurz vor dieser Begegnung mit Bhagavan wurden wir zu Ammas Ashram in Neemam gefahren, wo sie täglich Tausenden von Schülern und Suchern stillen Darshan gibt. Ihre Deekhas arbeiten sowohl kraftvoll an den physischen und materiellen Bedürfnissen der Menschen als auch an ihrer spirituellen Bestimmung. Ihr zu begegnen war so, als ob wir auf die tiefste Freude der Liebe in unserem Inneren trafen.

Am Ende unseres Aufenthalts bot uns unser Guide Pragyanandaji eine einfache Einweihung an, um Deeksha geben zu können. Wir haben dies als großes Geschenk angenommen, das wir zusätzlich zu unserer Arbeit, die wir bereits anbieten, in all unseren Kursen und Veranstaltungen weltweit weitergeben. Und die Segnungen regnen ...

Wendezeit

Inzwischen ist das Oneness-Phänomen zu einem Lauffeuer geworden. Tausende von Menschen sind eingeweiht worden, um die Oneness-Segnungen zu geben, wie Deeksha heute genannt wird. Millionen haben Segnungen empfangen und es gibt unzählige Geschichten von radikalen, lebensverändernden Erfahrungen.

Wenn ich sehe, wie die Transformation des Bewusstseins sich jedes Jahr beschleunigt, spüre ich eine realistische Möglichkeit für einen Quantensprung der ganzen Menschheit in naher Zukunft. Es sieht so aus, als ob dieser wunderbare Planet die Chance hat, trotz allem zu überleben. Die Idee eines Goldenen Zeitalters wird vom Traum eines Visionärs zu einer realistischen Möglichkeit. Ich bin so dankbar, dass ich Teil dieses Phänomens des Erwachens bin. Leben wir nicht in einer wunderbaren Wendezeit!?

Möge dieses Buch dich inspirieren, durch deinen eigenen Beitrag diese Vision einer neuen Erde zu unterstützen und mitzugestalten – durch dein liebevolles Bewusstsein, durch deine liebevolle Präsenz in diesen einfachen kleinen Momenten des Lebens und durch das Teilen deiner einzigartigen Gaben mit deinen Mitmenschen.

Namaste – Ich grüße die göttliche Essenz in dir.

In Liebe
Rahasya

Anhang

ENDLOSIGKEIT

Weites Weiß
grüne Gletscher
ewiger Schnee
und ein menschliches Wesen
so winzig in dieser Endlosigkeit

Ich bin nicht getrennt
und verschwinde in allem
ich folge dem Ruf

Kindheit

Unterwegs mit der »Pan«

Gemeinsam mit unseren Eltern befuhren mein Bruder Peer und ich ab Mitte der 1950er bis Mitte der 1960er Jahre das gesamte Mittelmeer von West nach Ost, von Nord nach Süd und wieder retour – jeweils mehrere Monate im Jahr. Die Yacht »Pan« war unser Zuhause.

Vorhergehende Seite: Mit meinen Eltern und meinem älteren Bruder Peer in den Schweizer Bergen, unten eine aktuelle Aufnahme unseres Chalets oberhalb von Davos.

Oshos Sannyasins

In Oshos Ashram
»Pune I«, 1981.

Sannyasins der
Osho-Kommune
Rajneeshstadt in der
Nähe von Kassel, 1983.

Nura und Fritjof in
Pune beim Darshan.

Oshos Sannyasins

In Rajneeshstadt mit der Tantra-Lehrerin Margo Anand, 1983.

Im Wartezimmer meiner Praxis in Rajneeshstadt.

Urlaub vom Dasein als Arzt, 1985.

Zwischen Schweiz und Griechenland

Schneespaß mit Nuras Sohn Bindu in den Schweizer Bergen, 1984.

Skifahren in Klosters, 1985.

Segeltörn in Griechenland während unserer Gruppe »Segeln und Meditation«, 1986.

Pune II

Osho in den 1980er Jahren.

Rahasya auf seiner Royal Enfield in Indien.

Fritjof wird zu Rahasya, 1994.

Mount Kailash

Unterwegs zum Mount Kailash in Tibet, 1995: Im Fluss stecken geblieben ...

Rahasya vor dem heiligen Berg.   Mit Nura am Lake Manasarovara.

Mount Kailash

Ein Pilger umrundet
den Mount Kailash mit
Niederwerfungen.

Milarepas Höhle am
Mount Kailash.

Der Pass Dölma La auf
5600 Metern Höhe.

Zu Hause in Australien

Golden City

Shree Amma und Shree Bhagavan, Avatare des Erwachens.

Nura und Rahasya beim Oneness Temple in Golden City, 2010.

In der Welt

In Japan bei Harada Roshi, 2001.

Der alte Roshi beim Zubereiten eines Tees in einer Tasse von Rinzai, 2001.

Vortrag in Taiwan vor dreitausend Zuhörern, 2005.

In der Welt

Unterwegs in Südafrika, 2006.

Tauchen mit wilden Delfinen vor den Bahamas, 2007.

Meine Organisatoren in São Paulo, 2001.

Rahasya und Rasmuheen, Erfinderin des 21-tägigen »Lichtnahrungsprozesses«, 2001.

Auszüge aus Nuras Aufzeichnungen während des Oneness-Prozesses 2005

15. März 2005, 8. Tag
Thema: *Der Körper ist nicht mein Körper, die Gedanken sind nicht meine Gedanken, alles ist ein automatischer Prozess. ›Wenn dich die Unmöglichkeit zur Veränderung trifft, bist du erleuchtet.‹*
Anrufung: *Deeksha Ammabhagavan, bitte zeige mir, dass der Körper nicht meiner ist, die Gedanken nicht meine sind, dass alles ein automatischer Prozess ist.*

Als ich dalag und die Deeksha rief, hatte ich das Erlebnis von Stille und die sofortige Erkenntnis, dass ich nicht mein Körper bin. Da war Bewusstsein und der Körper erschien wie ein leeres Gehäuse. Er war da, aber mir war klar, dass ich nicht mein Körper bin. Es gab nur zeitlose, ewige Präsenz. Langsam erschienen Gedanken und verschwanden wieder, doch dieses Bewusstsein blieb davon unberührt, es wurde nicht einmal davon getrübt. Bhagavan zeigte mir deutlich, dass ich auch nicht meine Gedanken oder mein Denken bin. Der Körper atmete und alles geschah von selbst. Die Stille überwog. Danach schien eine Defragmentierung im Gehirn zu geschehen, es zerfiel, während die Stille und die wohlige Dunkelheit immer tiefer wurden.

Auf unserem Abendspaziergang trafen wir Deva Premal und Miten. Sie erzählten von einem wunderbaren indischen Dorf und dem Licht, das sie in den Augen der Menschen gesehen hatten. Da huschte ein alter Schatten von Angst und Wertlosigkeit vorbei, nicht das gesehen zu haben, was sie gesehen haben, ein altes Fragment des Bettlers in mir, der das sehen möchte, was andere sehen, wo ich doch nur Leere sah, bis ein gütiger alter Mann begeistert auf mein Namaste antwortete. Der Spaziergang ging weiter im Licht dessen, was ist. Ich wurde gelehrt, dass meine Erwartungen Teile des alten Verstandes sind, die in der Gnade verblassen.

Die letzte Deeksha an diesem Tag, mit derselben Anrufung, löste das ICH in Nektar auf – dem süßesten aller Nektare, wie Milch und Honig. Die Erfahrung erschien unendlich, unbewegt, ungestört. Sie trug mich in die Unendlichkeit. Dieses Erlebnis kann nur mit Gnade umschrieben werden, manchmal unerträgliche Gnade, die meinen physischen Körper in die seltsamsten Stellungen brachte, mit einer überwältigenden Kraft. Später an diesem Abend nahm ich ein leichtes Essen zu mir und ging schlafen.

Am nächsten Morgen gingen wir alle gemeinsam spazieren: Deva Premal, Miten, Turyia, Rahasya und ich. Eine weiße Hündin war uns vom Ashram her gefolgt. Als ich sie berührte und mich mit ihr verband, fühlte ich mich wie Ramana Maharshi, dem indischen Weisen, der seine Kuh liebkost. In der Begegnung dieser beiden Wesen gab es keine Trennung, es war ein Moment von völligem Einssein, das ich noch nie zuvor mit einem Tier gespürt hatte, ein Moment, in dem zwei erleuchtete Wesen ihrer beider Präsenz berührten. Sie hieß Amma, die Mutterhündin. Jedes Mal, wenn ich sie streichelte, hatte ich das Gefühl, sie zu segnen, obwohl da niemand war, der sie segnen konnte. Dasselbe Erlebnis geschah mit einer Blüte an einem Baum, mit dem ganzen Leben ... Die ganze Natur war so strahlend und hell. Es war ganz klar ein Zustand von verändertem Bewusstsein.

An diesem Tag verschmolz ich weiter mit Ramana, seinem unendlichen, mitfühlenden, zeitlosen Wesen von Weisheit und Licht. Auf dem Dach unseres Hauses, mit Blick über das Land und die Berge, saß ich in völliger Stille auf dem Bett, eingetaucht in Einheit und das zeitlose Mitgefühl dieses stillen Moments.

Am nächsten Morgen stand Rahasya früh auf. Er hatte das Bedürfnis, für sich zu sein. Er bat mich, mit Turiya und Deva Premal alleine spazieren zu gehen. Etwas fühlte sich zwar nicht ganz richtig an, aber ich ging trotzdem los. Zehn Meter hinter dem Tor rief mich die Energie, die mich die ganze Zeit zurückhalten wollte, ganz klar zur Umkehr. Zurück in meinem Zimmer, erfasste mich eine totale grundlose Angst. Es geschah einfach so und es war von großer Intensität. Trotz allem wusste ich, – eine klare, direkte Erfahrung –, dass ich nicht meine Emotionen bin. Es war eine Begegnung mit dem Unausweichlichen, dem »was ist« in totaler Präsenz; es gab keine Geschichte, sondern nur eine total erlebte Erfahrung – bis mich das Frühstück rief.

16. März, 9. Tag
Thema: *Das Selbst ist eine Illusion. Es gibt keine Person, sondern lediglich Persönlichkeiten.*
Anrufung: *Deeksha Ammabhagavan, bitte zeig mir, dass das Selbst ein Konzept ist und dass es keine Person gibt, sondern lediglich Persönlichkeiten.*

An diesem Tag stellte Miten sein neues Lied vor, das er für Amma spielte: ›The Mother Inside‹.

Als ich die Deeksha rief, war nur ein einziger Gedanke präsent, eine Fortsetzung des Gebetes vom vergangenen Abend, als ich still auf dem Dach saß: ›Ich möchte als ›Ich‹ verschwinden.‹ Als der Gedanke auftauchte, kam gleichzeitig auch die Einsicht, dass es kein Ich gibt, das verschwinden kann – und das Verschwinden geschah. Es geschah in der Stille dieses Moments, im Klang des Windes, der durch die Bäume streicht, während ein Arbeiter Steine von Hand zerkleinerte, in der Brise des Ventilators im Zimmer, in einem einzigen ewigen Moment der süßesten Hingabe. Es wurde viel an mir gearbeitet. Das war eine physisch-energetische Erfahrung, die sich speziell auf die Hals- und Kiefergegend konzentrierte. Es fühlte sich an, als ob dieser Körper in die Hände eines göttlichen Chirurgen gegeben wurde. Das Bewusstsein gab sich diesem Moment einfach hin.

Nacheinander erschienen die Bilder von Shirdi Sai Baba, Shree Aurobindo und seiner französischen Frau, genannt die Göttliche Mutter. Ein schwacher Gedanke war da, dass der Verstand Shirdi Sai Baba den beiden anderen Wesen vorzog, die innerlich zu mir sagten: ›Bitte, schließ uns nicht aus deinem Herzen aus.‹ Trotz der alten widerstrebenden Strukturen geschah eine Verbindung mit diesen edelsten Energien – wie eine Begegnung mit einem göttlichen Vater und einer göttlichen Mutter. Dieses Erlebnis dauerte sehr lange an, eine weitere Ewigkeit. Es blieb als das Kostbarste des Kostbaren, vermischt in den Zellen meines Körpers, über dem physischen Herzen auf der linken Seite und unter dem Schlüsselbein, in den linken Arm ausstrahlend.

Jede Erfahrung fühlte sich hier an wie ein Moment der Ewigkeit. Als ich mir Tee holen wollte, stand eine hübsche französische Teetasse in unserem Esszimmer, die ich zuvor nie gesehen hatte. Sie stand in diesem Moment für mich bereit, damit ich das warme Zitronenwasser aus ihr trinken konnte ... ein göttliches französisches Erlebnis, das mich direkt mit der Göttlichen Mutter verband.

Nach dem Mittagessen wurde die zweite Deeksha mit derselben Fürbitte angerufen. Ich war mir der Schwere des Essens in meinem Körper sehr bewusst, hatte aber auch dazu keinen Widerstand. Es war einfach nur ein Sich-Hingeben und viele aufeinander folgende Momente des Schmelzens und Sich-Verbindens mit dem innersten Geliebten – dem Göttlichen. Kein Klopfen an der Tür hätte das unterbrechen können und ich hätte nicht vom Bett aufstehen können, selbst wenn ich gewollt hätte. Dann wurde die Tür von meinem geliebten Rahasya geöffnet, später kam der Mann vom Wäschedienst. All das war Teil dessen. Diese Ruhepause war die tiefste Entspannung, die ich in meinem Leben je erfahren hatte.

Nach einer weiteren Ewigkeit änderte das Leben seinen Lauf und der Körper machte sich bereit, die Treppenstufen zum Dach zu erklimmen. Es fühlte sich so an, als ob jede Bewegung in der Leere geschieht, und das blieb so, auch als ich die Anlage verließ und das indische Dorf hinter mir ließ. Diejenige, die zuvor in den Augen der Passanten nach Anerkennung gesucht hatte, war verschwunden. Alles war ein grenzenloser Moment, der Himmel auf Erden. Der Garten Eden könnte die Nichtexistenz des ›Ich‹ am ehesten beschreiben. Ein Schatten von Angst und Vorsicht huschte vorbei, der keine Anhaftung fand. Auch das gehörte zur Hingabe.

Die Nacht war voller Träume von Gesichtern von Freunden, die mit mir auf eine unpersönliche Weise feierten.

Ein Spaziergang mit Rahasya machte klar, dass alte Strukturen von Kampf, Angst oder Urteil verschwinden, wenn sie auf Nicht-Widerstand treffen. Es ist so kostbar, als Leere in der Natur zu sein und mit ihr zu teilen. Das ist das Paradies auf Erden, das ist das Goldene Zeitalter ... Danke.

Glossar

Advaita (wörtlich übersetzt »nicht zwei)«: indische monistische Lehrrichtung, die viele heutige Satsang-Lehrer übernommen haben

Alfassa, Mirra (1878–1973): spirituelle Partnerin von Shree Aurobindo (siehe Aurobindo), leitete nach dessen Tod 1950 den von ihm begründeten Ashram; auch bekannt als »Die Mutter«

Amma (Shree Amma, geb. 1954) und Bhagavan (Shree Bhagavan, geb. 1949), verheiratet seit 1976: zwei indische Avatare, die seit 1989 in Form von Oneness Blessings Energie auf andere Menschen übertragen

Ashram: (klosterähnliches) Meditationszentrum

Aura-Soma: umfassendes Farbsystem, das Düfte, Öle, Kräuterextrakte und Edelsteinfrequenzen verwendet, um die Balance im Menschen wiederherzustellen

Aurobindo (Shree Aurobindo, bürgerlich Aurobindo Ghose, 1872–1950): bekannter indischer Politiker, Philosoph und Mystiker; vereinte in seiner Person östliche Spiritualität und westliche humanistische Bildung; Begründer des »Integralen Yoga«, das die Vereinigung mit dem Göttlichen zum Ziel hat

Avatar: eine Person, die mit einer ganz bestimmten Aufgabe geboren wurde, z.B. Einstein, Avatar der Physik; Michelangelo, Avatar der Kunst; Amma und Bhagavan, Avatare des Erwachens

Balsekar, Ramesh (1917–2009): indischer Meister, dessen Betonung darauf lag, dass es keinen »Handelnden« gibt, sondern nur »Handlung«

Bhagavan: siehe Amma

Bhagwan Shree Rajneesh: siehe Osho

Big Muddy Ranch (auch Rajneeshpuram): im US-Staat Oregon verwandelten Oshos Schüler zwei Autostunden von Portland entfernt die Big Muddy Ranch in eine blühende Stadt und in eine Osho-Kommune

Bioenergetik: körperpsychotherapeutisches Verfahren, das u.a. emotionelle Heilung von Kindheitstraumen ermöglicht

Chuang Tzu (369–286 v.Chr.): chinesischer Meister

Counseling: psyklogisches Beratungsgespräch

Craniosacrale Therapie: subtile Körperarbeit, bei der mit dem Craniosacralen Puls, dem Puls der Spinalflüssigkeit, gearbeitet wird

Darshan (wörtlich »sehen«): ein Treffen in Bewusstsein mit einem Meister, währenddessen göttliche Gnade übertragen wird

Deeksha: siehe Oneness Blessing

Deva Premal (geb. 1970): Sängerin, bekannt durch ihre Mantra-Interpretationen, musiziert zumeist gemeinsam mit ihrem Lebenspartner Miten

Glossar

Dynamische Meditation: von Osho entwickelte revolutionäre Meditation, die chaotisches Atmen, Katharsis, Springen, Stille und Tanz miteinbezieht
Gangaji (bürgerlich Antoinette Roberson Varner, geb. 1942): spirituelle Lehrerin aus den USA, die mit dem indischen Meister Papaji erwacht ist
Göttliche Mutter: siehe Alfassa, Mirra
Gurdjieff, George (1866–1949): zeitgenössischer Meister griechisch-armenischer Abstammung, der u.a. in Moskau, Konstantinopel und Paris gelebt und gelehrt hat
Hakuin (1686–1768): einer der einflussreichsten japanischen Zen-Meister
Harada Roshi (geb. 1940): zeitgenössischer japanischer Zen-Meister in Okayama, der vor allem westliche Mönchen und Nonnen »Zen« lehrt
Inner Circle: eine Gruppe von 21 Mitgliedern der Osho International Commune in Poona, Indien, die die Kommune auf praktischer Ebene verwalteten und leiteten
Jalaluddin Rumi (1207–1273): Sufi-Mystiker und einer der bedeutendsten persischsprachigen Poeten des Mittelalters
Ko-Hsuan-Schule: Schule im Südwesten Englands (benannt nach dem Taoisten Ko Hsuan, 164–244), die Erziehung nach den Einsichten Oshos anwandte
Krishna: hinduistische Form des Göttlichen
Kundalini-Meditation: von Osho entwickelte revolutionäre Meditation in der dreiteiligen Abfolge Schütteln, Tanz und Stille
Maharashi, Ramana (1879–1950): ein indischer Meister, der 1950 seinen Körper verlassen hat, aber noch heute sehr verehrt wird. Durch die intensive Frage »Wer bin ich« kam er zur Erleuchtung.
Mandala: kreisförmiges Symbol im Hinduismus und Buddhismus
Milarepa (Jetsun Milarepa, 1040-1123): tantrischer Meister und einer der größten Yogis und Asketen Tibets, zugleich einer der bekanntesten Dichter des Landes
Miten (bürgerlich Andy Desmond, geb. 1947): Singer/Songwriter, Interpret spiritueller Musik, musiziert zumeist gemeinsam mit seiner Lebenspartnerin Deva Premal
Neurolinguistisches Programmieren (NLP): verhaltens- und sprachwissenschaftliche Technik, um die Kommunikation mit anderen sowie mit uns selbst zu verbessern
Om Mani Padme Hum: weit verbreitetes Mantra im Buddhismus, das auf unsere wahre Natur hinweist, den »Diamanten im Lotus«
Oneness Blessing (auch Deeksha genannt): Segnung und Energieübertragung mit dem Ziel, das innere Wachstum zu beschleunigen
Osho UTA Institut: Osho-Zentrum für spirituelle Therapie und Mediation in Köln
Osho, auch bekannt als Bhagwan Shree Rajneesh (1931–1990): spiritueller Meister aus Indien, der in den 1970er und 1980er Jahren Tausende von Menschen aus dem Westen angezogen hat
Papaji: liebevolle Bezeichnung für H.W.L. Poonjaji (1910–1997), einen indischen Meister, der viele Sannyasins, Schüler von Osho, nach dessen Tod angezogen hat
Parikrama: rituelle Umwanderung des Mount Kailash in Tibet

Poonjaji, H.W.L.: siehe Papaji
Primärtherapie: Therapie zur Heilung frühkindlicher Schmerzerfahrungen
Pune (Poona): Großstadt in Indien, ca. 150 km von Bombay entfernt, wo Osho seinen Ashram hatte, der heute als Osho Meditation Resort weiter besteht
Purvodaya (Byen Land): die erste Osho-Kommune in Deutschland (Niederbayern)
Rajneesh: siehe Osho
Rajneeshpuram: siehe Big Muddy Ranch
Rajneeshstadt: große Osho-Kommune im Schloss Wolfsbrunnen in Meinhard, Ortsteil Schwebda, bei Kassel mit über 100 Sannyasins; die Kommune existierte von 1980 bis 1985
Rebalancing: tiefgehende Körperarbeit mit Massage
Retreat: Rückzug in Meditation
Rinzai: chinesischer Zen-Meister aus dem 9. Jahrhundert, ursprünglich Linji Yixua genannt, der in Japan sehr verehrt wurde und die Rinzai-Schule über viele Jahrhunderte inspirierte
Rumi: siehe Jalaluddin Rumi
Sannyasin: ursprünglich jemand, der dem Weltlichen entsagt hat und als Bettelmönch, Asket, Wanderer oder Einsiedler sein Leben der Einkehr gewidmet hat. Osho initiierte seine Schüler in Neo-Sannyas mit der Vision, dass sie voll im Leben stehen und total in der Welt, aber nicht von dieser Welt sind
Satori: Erleuchtungserfahrung
Satsang: ein Treffen in Wahrheit mit einem erwachten Lehrer
Satyananda (bürgerlich Jörg Andrees Elten, geb. 1927): ein Schüler Oshos, ehemaliger »Stern«-Reporter und Autor, der u.a. einen deutschsprachigen Bestseller über Osho und den Ashram in Poona geschrieben hat: »Ganz entspannt im Hier und Jetzt«
Sexuelle Konditionierung: unsere sexuelle Erziehung und die Muster, die wir dadurch übernommen haben
Shirdi Sai Baba (1838/1856–1918): spiritueller indischer Lehrer, Yogi und Fakir; sein Anliegen war es, die Unterschiede zwischen Hindus und Muslimen zu überwinden
Shree (häufig auch Sri): in Indien gebraucht u.a. als Höflichkeitsanrede »Herr«; bei Götternamen und erleuchteten Meistern Namenszusatz im Sinne von »heilig«
Sufi: Mystiker des Islam
Swami: religiöser hinduistischer Titel, vereinfacht »Herr«, an angesehene Männer verliehen; den Zusatz »Swami« erhielten auch Oshos männliche Sannyasins; die weiblichen Sannyasins trugen den Zusatz »Ma«
Tantra: sprituelles Weisheitssystem mit Ursprung in Indien, das das männliche und weibliche Prinzip auf all seinen Ebenen, auch der sexuellen, für die Einswerdung mit einbezieht

Tolle, Eckhart (geb. 1948): sprituelller Meister unserer Zeit, dessen Bestseller »Jetzt! Die Kraft der Gegenwart« Millionen von Menschen berührt hat
Vipassana: budhhistische stille Meditation, bei der der Atem beobachtet wird und man die Unbeständigkeit der Dinge betrachtet
Zazen: Zen-Meditation, bei der der Meditierende eine leere Wand ansieht und dabei seinen Gedankenfluss beobachtet
Zen: spirituelle Richtung des Buddhismus, die in Japan sehr verbreitet ist

* * *

**Fühle dich eingeladen, für Anregungen und Feedback
Kontakt mit uns aufzunehmen:**

RahasyaNura@aol.com

**Informationen über unsere Seminare in Deutschland
und weltweit findest du auf unserer Internetseite:**

www.LivingUnity.com

ShenDo Verlag
ISBN 978-3-9811184-7-6

»Kommunikation des Herzens« ist weit mehr als ein inspirierender Leitfaden für Kommunikation. Es vermittelt die Kommunikationsfähigkeit als eine Kunst, mit Menschen zu sein. Der Autor nutzt die Einsichten der modernen Psychologie, um jenseits des psychologischen Rahmens, jenseits des Verstandes zu gehen und das Wesen, das *Sein*, aufzudecken.

»Dieses Buch kann nicht nur wie ein Lehrbuch gelesen werden. Es muss gekaut, verdaut und im Herzen aufgenommen werden. Es will dich berühren, herausfordern, provozieren und unterstützen, bewusster zu werden.«
Rahasya

www.shendo-verlag.de

ShenDo Verlag
für Shiatsu, Akupressur und die Fünf Elemente
Bücher und Schaubilder für Unterricht und Praxis

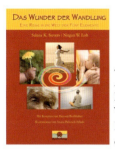

Sakina K. Sievers
Nirgun W. Loh
Das Wunder der Wandlung
Eine Reise in die Welt der Fünf Elemente

Nirgun W. Loh
Sakina K. Sievers
Himmlische Punkte
Das Praxisbuch der Akupressur

Heike Rühmann
Von Herzen berühren
Shiatsu mit sterbenden Menschen
Ein Erfahrungsbericht

Nirgun W. Loh
Sakina K. Sievers
Akupressur für Körper, Geist und Seele
Die wichtigsten Akupressurpunkte für Gesundheit und Wohlbefinden

Sakina K. Sievers
Nirgun W. Loh
**ShenDo-In
Shiatsu Selbstmassage**
Ein einfaches Übungsprogramm für mehr Lebenslust und Wohlbefinden

Sakina K. Sievers
Nirgun W. Loh
Entspannt und fit am Arbeitsplatz
ShenDo Shiatsu und Akupressur für Nacken und Schultern

Sakina K. Sievers
Bernhard Oberdieck
Wie der kleine Drache sein Feuer fand
Eine Geschichte von den fünf Krafttieren

www.shendo-verlag.de